IRON TANKS

铁甲雄风

陆战之王坦克

King Of Land Battle

丛书策划 李俊亭

丛书主编 丁宁 游云 编著 白华东 王腾达

国防工業出版社
National Defense Industry Press

图书在版编目（CIP）数据

铁甲雄风：陆战之王坦克 / 白华东，王腾达编著 .
-- 北京：国防工业出版社，2023.3
（武器装备知识大讲堂丛书）
ISBN 978-7-118-12593-1

Ⅰ . ①铁… Ⅱ . ①白… ②王… Ⅲ . ①坦克—世界—
普及读物 Ⅳ . ① E923.1-49

中国国家版本馆 CIP 数据核字（2023）第 027844 号

铁甲雄风：陆战之王坦克

责任编辑 刘汉斌

出版 国防工业出版社（北京市海淀区紫竹院南路 23 号 邮政编码 100048）
印刷 雅迪云印（天津）科技有限公司
经销 新华书店
开本 710mm × 1000mm 1/16
印张 $20\frac{1}{4}$
字数 360 千字
版次 2023 年 3 月第 1 版第 1 次印刷
印数 1-6000 册
定价 85.00 元

国防书店：（010）88540777 书店传真：（010）88540776
发行业务：（010）88540717 发行传真：（010）88540762

I R O N T A N K S

CONTENT ABSTRACT
内容简介

本书以通俗易懂的语言、图文并茂的方式，系统回顾从古代战车到现代坦克的演变历程，揭示威名赫赫的坦克和装甲车的研发背景、技术特征及作战性能，解读经典坦克战役和著名装甲战将，带你感受“陆战之王”的王者之气及其在战争中扮演的重要角色。

本书适合广大青少年、兵器爱好者、军事爱好者，以及关心国防事业的读者阅读和收藏。

世界战争史上，各类武器琳琅满目、品种多样，从弓箭、长矛、大刀到步枪、火炮、坦克，再到导弹、舰艇、飞机，等等，这其中，如果说哪种武器足以改变世界战争史，那么作为现代陆上作战的主要武器之一，坦克当之无愧。成群的坦克汇成的钢铁洪流给对手带来的火力压制和心理震慑，是任何其他武器都难以媲美的。

坦克一词是英文“tank”的音译，原意为储存液体或气体的容器。首次参战前，为了保密而取名“tank”，并一直沿用至今。在第一次世界大战的索姆河战役中，英国出动了Mark Ⅰ型坦克，这是人类历史上第一次把坦克投入实战中。由此，坦克作为一种作战武器正式登上历史舞台。在随后的发展演变中，凭借着强大突击能力、越野机动能力和装甲防护能力，坦克很快成为各国军队最青睐的武器。在第二次世界大战中，法西斯德国首先集中使用大量坦克，实施闪击作战，取得了辉煌的战绩，由此坦克“陆战之王”的美誉广为传扬。随着高新技术武器的发展，坦克在现代战争中地位已经大不如前，但不可否认，它仍将是未来地面作战的重要突击武器。

对于坦克，您了解多少？坦克由哪几部分组成？需要几名乘员？坦克炮口径有多大？坦克行驶速度有多快？著名的坦克战例和战将都有哪些？读完本书您就能知道上述所有问题的答案，成为一名坦克小专家。

全书图文并茂、语言凝练活泼、故事真实生动，力求使读者在轻松愉快的阅读旅程中对“陆战之王”有一个全面理性深入的认识，从而引起读者对国防和军事的关注。另外，书中部分与坦克有关的趣闻和冷知识，也有助于读者在坦克冷峻结实的外表下，感受到坦克这一武器“趣味”的一面。

在编写过程中，我们对全书内容进行了去伪存真的考证，并经过多位军事专家严格的筛选和审校，使其更加符合客观事实，力求尽可能准确与客观，便于读者阅读参考。

编者

2023 年 2 月

CONTENTS 目录

1 中国古代战车 / 01

2 外国古代战车 / 48

CONT 目录
« ENTS

CONT 目录
« ENTS

1

中国古代战车

夏启分工明确伐有扈

传说在黄河流域，黄帝打败了炎帝之后，与炎帝联合又打败了蚩尤，最终成为部落联盟的首领，因此我们称自己为“炎黄子孙”。后来黄河流域又出现了尧、舜、禹三个著名的部落联盟首领，他们都是经过大家的推选、考察之后，由上一任首领禅让，继承王位的。

尧，号陶唐氏，居住在西部平阳（今山西省临汾市尧都区）。尧成为部落首领之后，没有作威作福，依然和大家一样吃着糙米饭，煮野菜做汤，住在茅草屋里，夏天就披一件粗制的麻衣，冬天也只加块鹿皮抵御寒冷，身上穿的衣服鞋子都是破到不能穿

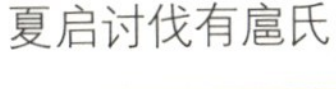
夏启讨伐有扈氏

了才换。部落里的老百姓都很拥护他，看待他就像看待“父母日月”一般。尧在成为部落联盟首领17年后，由于年纪大了，需要选择继承人。由于他的儿子丹朱性格粗野，喜好闹事，即便有人推荐丹朱继位，尧却始终不同意。后来大家都推举舜做继承人，说他很有品德和才干，尧十分高兴，便开始考察舜，过了28年觉得合适了，就将部落联盟首领的位置禅让给舜。

舜，号有虞氏，生于诸冯（在今山东省境内）。舜成为部落联盟首领后，依旧亲自耕种田地、打鱼、制作陶器，深受大家爱戴。尧死后，舜因为谦恭，就离开居住地来到了南河的南边，想要让位给尧的儿子，但是各个部落都不去尧的儿子那里朝觐，而是去朝觐舜；出了纷争的事情，也去找舜来裁决；讴歌的人也去讴歌舜，而不去讴歌尧的儿子。从这些就可以看出，舜确实是个贤能的人，受到了大家的拥护。他通过部落联盟会议，命令伯夷管理祭祀，八元管理土地，八恺教化百姓，契管理民事，伯益管理山林川泽，并让皋陶规定了刑罚。通过各项举措，舜完善了社会管理制度。后来舜也仿照尧的做法，让大家推举继承人，大家纷纷推举禹。舜进入晚年后，身体一直不好，但他依旧坚持到南方各地去巡视，最后病死在了苍梧（今湖南境内）。舜去世之后，禹做了部落联盟的首领。

禹后来也想按照尧舜禅让的做法，让伯益做君主。但在禹去世之后，各个部落首领却离开伯益的根据地，来到启的根据地朝觐，臣子和人民也支持启，于是启就继承了部落联盟首领的位置。但是有扈氏认为启破坏了禅让制度，非常不满，以“尧舜传位给贤能的人，大禹传给儿子”为理由反对启。启随即亲自率军出征，讨伐不服从他的有扈氏。启出兵之前，在甘（今陕西户县）举行了誓师动员，这就是历史上有名的“甘誓”。

他召集六军将领说：“负责六军的将领听我说！我敢发誓，有扈氏罪孽深重。他不仅辱没了仁、义、礼、智、信五行，而且抛弃了天、地、人正道。所以老天爷要结束他的性命。我们要替天行道，立即讨伐有扈氏。如果车左的士兵不攻左路，就是不服从命令。如果车右的士兵不攻右路，就是不服从命令。如果车中间的驾车者不驱马向前，也是不服从命令。凡服从命令的人，将会在祖先宗庙内论功行赏，凡不服从命令的人，将在土地庙处以极刑，并株连九族。”

从夏启的这段誓言中我们可以发现，在那个时候就已经明确了不同位置的战车甲士对应的不同战斗职责，他们在战斗中必须各司其职，否则就会受到严厉的军法处置。可见早在夏初，战车就已出现在战场上，并且车上甲士也有了明确的分工，可以配合作战了。这场战役以启的胜利而告终，建立了中国历史上第一个奴隶制王朝——夏朝，从此中国古代社会进入家天下的格局。

成汤初具规模的战车

夏启在打败有扈氏后，并没有励精图治，妥善治理国家，而是整天沉湎于享受之中，流连于饮酒、打猎和歌舞之间，却不关心百姓的生活。他以后的历代君王也大多不思进取，只顾着自己享乐，过着骄奢淫逸的生活，到夏桀即位，各国诸侯已经不来朝贺。夏王室不好好治理国家，外族的侵扰也经常不断，百姓生活在水深火热之中，各个阶级之间的矛盾越来越突出，夏王朝危机四伏。但夏桀依然不思悔改，反而变本加厉，更加荒淫无道。根据《竹书纪年》记载，他“拆毁了宫殿，装修了高大的瑶台，建起了美丽的房间，竖立起玉做的门”。还从全国各地搜寻美女，日夜与妹喜及宫女饮酒作乐。据说酒都是用池子装，修造得非常大，甚至可以在池子里航船，因此时常发生喝醉了之后在酒池里溺死的事情。

夏朝的太史令终古是一个贤能的臣子，他看到夏桀如此荒淫无度，便进宫向夏桀哭泣着进谏说：“自古以来的帝王，都是勤奋节俭爱惜百姓，关心臣民的生活，只有这样才能够得到人民的拥护和爱戴。不能把百姓辛勤劳动的成果供给一个人进行享乐。这么骄奢的话，只有亡国的下场。”但是夏桀听了之后很不以为意，还斥责终古多管闲事。终古明白夏桀已经无法挽救了，认为夏朝一定会灭亡，于是就离开了夏朝，投奔了商国。大臣关龙逄也多次劝谏夏桀，关龙逄说：“天子谦虚恭谨而同时讲究信义，节俭勤奋又能够任用贤才，天下才能安定，王朝才能稳固，如今大王贪图享乐，奢侈无度，百姓都盼望王朝早些灭亡，大王已经失去了人心，只有赶快改正过错，才能挽回人心。”夏桀听了非但没有感到羞愧，还非常生气，下令将关龙逄杀死。这样，夏桀日益失去人心，夏朝朝政更加腐败，逐渐走向了灭亡的境地。而此时的夏桀还自以为是，以为他的统治就像天上的太阳一样永远不会逝去。他还召集所属各部落首领开会，准备发动讨伐其他部落的战争。可是，各部落都对他离心离德，不但无心与他合作，反而准备随时起兵反抗。

在黄河下游河南、山东一带，有一个部落称为商，相传商部落的始祖曾经帮助大禹一起治水，后来

成汤兴兵伐夏

被封到了商地。随着夏朝国政逐渐腐败，商部落逐渐兴起，当传到成汤当王的时候，他任用贤能的人治理国家，如伊尹，而且还提拔出身低下但有才干的人，使部落实力得到壮大，畜牧业、农业等有了很大的发展，力量逐步超过了夏朝，疆域也随之拓展到夏的领地。夏桀愈发暴虐，导致越来越多的部落不服从他的指挥，成汤就采取积极措施，准备消灭夏。成汤几经试探，最后下定决心准备讨伐夏桀。最后成汤停止对夏朝进行纳贡，夏桀知道后勃然大怒，马上召集各个部落诸侯一起去征讨成汤。但是这个时候的夏朝已经摇摇欲坠，各地的诸侯都不听他的号令，有的甚至直接起兵反抗他。成汤看到灭夏的时机已经成熟，随即发动军队进攻夏朝。

成汤与夏桀的战争史称“鸣条之战”。鸣条也就是现在的河南封丘东。此战“殷汤良车七十乘，必死六千人，以戊子战于郕，遂禽推移、大牺，登自鸣条，乃入巢门，遂有夏。”也就是说，商汤率领精良的战车七十辆，不怕死的勇士六千人，在戊子那天与夏桀在郕地交战，抓住了桀臣推移、大牺。商汤进军鸣条，接着进入巢门，于是占有了夏的天下。

可见，在这场战役中，成汤的军队不仅使用了战车，而且是“良车七十乘”，已经具有一定的车战规模，说明随着社会的发展，古代的人们意识到了战车在战争中的重要性。夏桀的军队在成汤强大的军事、政治攻势面前，众叛亲离，斗志溃散，被打得大败。成汤建立了中国历史上第二个奴隶制王朝——商朝。

武王伐纣战车显威力

商族灭亡夏朝，建立了商朝后，成为黄河流域的主要统治者，实力得到迅速发展，势力范围快速扩张。商朝前期君主比较贤明，治理国家井井有条，使得社会稳定，经济、文化都得到了很大的发展。然而，到了商朝末年，国政日趋腐败，朝纲混乱。商朝的最后一位王纣王，荒淫无道、暴虐成性，导致民不聊生、百姓纷纷叫苦不堪。与此同时，位于商朝西部的周国在文王姬昌的治理下逐渐强大起来。一方面进行武力扩张，向西讨伐犬戎、密须等小国，向东征伐耆国、邘和崇国；另一方面制定律法，倡导生产，防止人口流失。文王姬昌逝世后，他的儿子姬发继位，也就是周武王。

面对日益混乱的朝纲，商纣王仍然不知收敛，任用奸佞之人，残害贤臣。公元前1045年（周武王十一年），纣王杀害了他的王叔比干，囚禁了他的兄长箕子，迫使大师疵、少师彊抱着他们的乐器投奔周。周武王看到商朝统治的现状，认为灭亡商朝的时机即将到来，就遍告诸侯："有重罪，不可以不毕伐。"就是说殷犯下大罪，不可以不合力讨伐。于是率领战车三百辆，虎贲三千人，穿戴甲胄的战士四万五千人，向东进发去征讨纣王。十二月戊午日，军队全部渡过盟津，诸侯也已经全部到达。姬发说："大家要勤勤恳恳，不可懈怠呀！"作《太誓》向众人宣告："现在殷王纣竟然听信妻妾之言，自绝于上天，违背天理，疏远自己的同祖兄弟，废弃其先祖的音乐，敢采用淫乱的音乐去窜改典雅的音乐，以取悦于他的妻妾。所以现在我姬发要替天行道。这次要努力呀，男子汉们，机会难得，不会有第二次机会，更不会有第三次了！”二月甲子日清晨，大军到达了商都朝歌郊外的牧野，举行宣誓。姬发指挥将士们说：“来自西方的人们，你们一路辛苦了！”又说：“啊！我的友好邻邦的君主，司徒、司马、司空、亚旅、师氏、千夫长、百夫长，以及庸、蜀、羌、髳、微、彭、濮各族的人民，举起你们的戈，排好你们的盾，竖起你们的矛，我要宣誓了。”姬发说：“古人有句话‘母鸡是不打鸣的，如果母鸡打鸣，必定倾家荡产’。

牧野之战

现在殷王纣什么都听女人的，自弃其先祖的祭祀不予回报，抛下自己的家族和国家，放着自己的同祖兄弟不用，反而听信谗言，对四方各国的奸佞逃犯那么推崇，那么看重，信任他们，重用他们，让他们对百姓横施暴虐，对商国大肆破坏。现在我姬发要恭敬地执行上天的惩罚。今天的作战，每次前进不超出六、七步，就要停顿整齐一下，要努力呀，男子汉们！每次刺击不超出四、五、六、七下，就要停顿整齐一下，要努力呀，男子汉们！希望大家勇武，有如虎、罴、豺、离，我们不可迎击前来投降的人，而要让他们为我西方之人所使用，要努力呀，男子汉们！你们谁不努力，我将拿他问斩。”誓师完毕，诸侯派兵参加会盟者的战车四千辆，列阵于牧野。

武王此举打得纣王措手不及，只能临时拼凑士兵，把奴隶和战俘武装起来，加上守卫都城的部队，共 70 万人（一说 17 万人），亲自率军迎敌。武王的军队人数虽少，但训练有素，双方列阵后，周师以迅雷不及掩耳之势直冲纣王中军。纣王的军队未经严格训练，又无斗志，遇上周人的虎狼之师，许多人纷纷倒戈投降，为武王开路。鏖战至傍晚，商朝的军队彻底崩溃，退回朝歌。纣王看大势已去，登鹿台自焚，商朝遂亡。

牧野之战，武王的战车部队起了重要作用。周军自有战车 300 乘，诸侯会兵者率战车 4000 乘，加在一起战车总数达到了 4300 乘，而且纪律严明，已经初具车战的章法，这是一支十分庞大的战车部队，其强大的战斗力是商纣王未经训练的徒兵无法抵挡的。

车轮滚滚的西周

随着西周经济、政治、军事的发展，周王及各诸侯拥有了规模庞大的军队，军事编制和战车发展也相当成熟。根据《周礼·夏官》的记载，西周已有师、旅、卒、两、伍的编制，西周军队有 14 ～ 22 个师，14 ～ 22 万人，且各诸侯国都拥有自己的军队。西周王朝强大的军事实力，是维护统治的坚强柱石，也正因西周具有强大的军事后盾，才能有效实施“惩罚不逐日进贡的，讨伐不按月进贡的，征讨不按季进贡的，责备不进岁贡的，晓谕不来朝见的”，为西周奴隶制礼乐文明的全面兴盛开辟了道路，对后世产生了深远的影响。

周武王虽然在牧野之战中消灭了商朝的主力，但是并没有对商朝的势力赶尽杀绝，仍然将纣王的儿子武庚封在商朝的旧都城殷。周武王灭掉商朝两年后就病逝，他的儿子姬诵继承王位，也就是周成王。成王继位时才 13 岁，武王的弟弟周公就辅助成王管理朝政，治理国家。但是武王的另外两个弟弟管叔、蔡叔对此非常不满，认为周公想要篡夺王位，于是就暗地里串通武庚，联合奄、蒲姑以及徐夷、淮夷起兵反周。参与叛乱的势力非常多，面积非常广，遍及现在河南、河北、山东、安徽等地，这使得刚刚立国不久的周王朝，还未来得及休养生息就处在了危机之中。周公昭布天下，决定亲自率军征讨叛军，于是联络和调集各地诸侯，在周成王元年出征。周公采取集中兵力、各个击破的作战方略。首先派遣重兵沿着武王伐纣的路线，直接攻取朝歌，击溃武庚所部，攻占管、蔡治地。随后向东南进兵，采用先攻打弱小再攻打强大的方针，先进攻徐、淮等 9 夷，经过连续作战，攻灭了熊、盈族等 17 国，把原来殷地的居民迁徙到了现在的河南洛阳，最后向北方挥师进攻奄，迫使奄国投降，薄姑等国也相继投降，历时 3 年的东征胜利结束。

鬼方是北方游牧民族之一，经常南下侵扰中原。武王灭掉商朝之后曾将他们放逐至径、洛（今陕西径河、洛河）以北的地区。但是在周公东征时候，鬼方

西周战车

部落又趁机在岐周（今陕西岐山）以西和陇（今陕西阳陇县）之间，对周朝西北地区进行侵扰，进而威胁到了周朝都城镐京（今陕西西安西）的安全。周成王去世之后，他的儿子继承王位，即为周康王。在康王二十五年的时候，为了消除鬼方的威胁，康王命盂率领大军向其进攻。经两次大规模作战，斩杀鬼方4800多人，俘获其4名首领及以下1.3万多人，还缴获了很多车马和牛羊。

犬戎是古戎族的一支，是中原王朝的劲敌，商周时期在渭水流域过着游牧生活。周文王时，犬戎曾被迫向周臣服。但到了穆王时期，犬戎实力愈发强盛，周与其他方国部落之间的往来就被其所阻碍，于是穆王决定西征犬戎。最终俘虏了犬戎的5位王，还获得4只白鹿、4只白狼，为了防止犬戎死灰复燃，就把一批犬戎部落迁徙到了太原（今甘肃平凉、镇原一带），从而又打开了周朝通向大西北的道路。

楚原本是位于江汉地区的小国，商朝时期曾被武丁击败，于是对商臣服。商朝末期，楚君鬻熊归附于周，辅佐文王。成王时，楚正式成为周的封国，但那时候中原各诸侯都将楚人视为“蛮夷”，对楚国存在偏见，导致楚与周王室产生了矛盾。后来，楚逐渐强盛起来，向外扩张了领地，这引起周王室的不满。为了征服楚国并获取楚荆的铜，周昭王曾三次亲自率师攻打楚国。昭王十六年，率领西六师南征，越过汉水，东夷、南夷等26个邦国前来朝觐，表示臣服，于是昭王胜利而还。十九年，昭王第二次攻打楚国，但却没有取得胜利，甚至导致西六师损失殆尽。昭王末年，第三次攻楚，回师汉水时，由于昭王乘坐的船毁坏，昭王不幸落水淹死。从此周王室失去了控制南方的力量。

西周诸王在四处征伐的过程中，战车兵发挥了重大的作用。周军往往是凭借所具有的战车技术优势和数量优势，获得对敌的军事优势，进而获得战争的胜利。反过来，周军正是看到了战车优势所带来的军事优势，进一步加大了对战车和车战的重视程度，促进了战车和车战的发展。

一鼓作气，再而衰，三而竭

自从周幽王烽火戏诸侯，被犬戎攻破镐京，平王东迁洛邑，周王室的影响力就已经十分衰弱，名为东周，但实际上已经进入了诸侯争霸的春秋时代。鲁国和齐国都是老牌诸侯国，在西周初年就已经分封，地理位置上互相毗邻。进入春秋时代后，时局动荡，两国之间因为各种矛盾和利益冲突，免不了造成兵戎相见的结果，长勺之战就是其中具有代表性的一次战争。

公元前 684 年春，也就在齐桓公即位两年后，他稳定了朝局、巩固了自己的君位，由于鲁国曾支持公子纠即位，齐桓公记恨在心，想要凭借强大的实力报复鲁国，同时也为了扩张齐国的势力，决定兴师伐鲁。当时在鲁国做君主的是鲁庄公，他曾经派兵护送公子纠返回齐国即位，却在干时地区被齐桓公大败，此时听闻齐国又大举来攻，形势非常紧张，决定动员全国的力量抵抗齐军。就在鲁庄公将要迎战的时候，鲁国一个名不见经传的人想要请求鲁庄公接见自己，他就是曹刿。曹刿认为当权的大臣们都目光短浅，没有深远的谋划和计策，于是就去觐见庄公。曹刿询问庄公："您想要依靠什么同齐国作战？"鲁庄公回答说："对于衣物食品这些安身立命的东西，不敢独自享用，一定要分赐给别人。"曹刿指出："这些都是小恩小惠，并不能让全国的老百姓都享受到，民众是不会听从您全力作战的。"鲁庄公又说："我祭祀天地神明的祭品从来不敢虚报，一定按照说的去做。"但曹

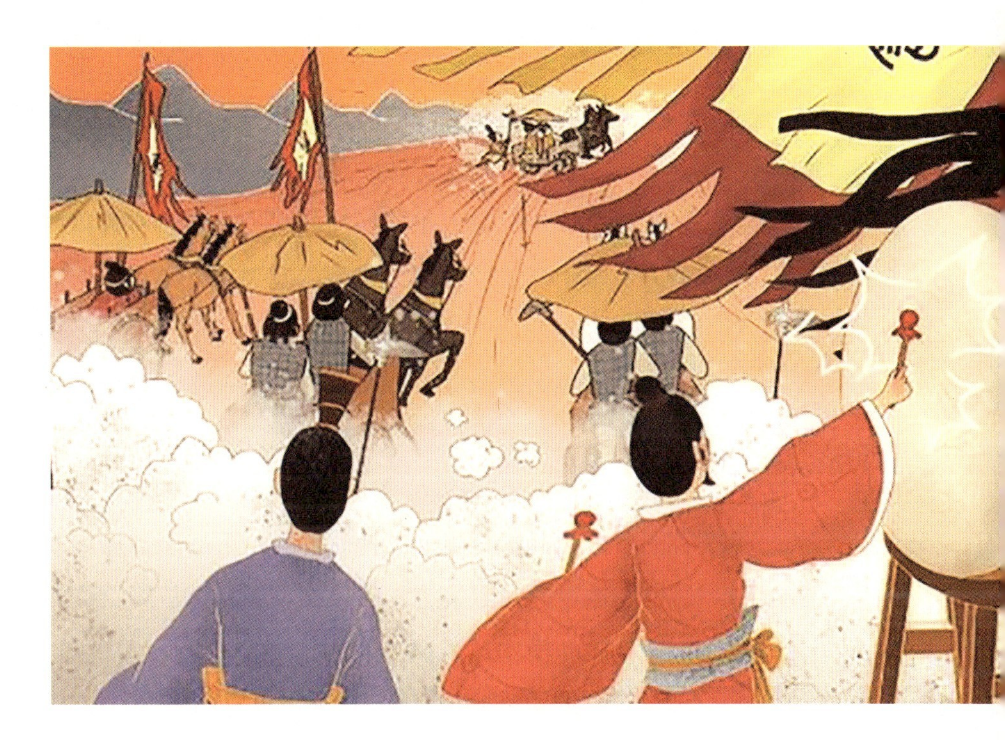

长勺之战

刿认为："这些都是对神明的小信用，神明未必能够信服，神是不会保佑您的。"鲁庄公又补充道："面对大大小小的狱讼，虽然不能做到每一件都清清楚楚，但是也一定处理得合情合理。"曹刿这时才说："这才是尽到了君主的责任，可以凭借这与齐国一战了。作战的时候请允许我随您一同参战。"

鲁庄公同曹刿坐同一辆战车来到长勺，与齐军作战。鲁庄公见齐军发起了汹涌的攻势，也要下令击鼓让鲁军进攻。曹刿劝阻说道："现在还不行。"于是鲁军固守阵地，稳住阵势。齐军虽然没有近战的对手，但由于鲁军阵地牢固，也冲不进去，反而要受到鲁军箭弩的攻击，只得向后撤退。经过短暂的休整，齐军再次开始了进攻，曹刿仍然劝庄公不要出击，继续固守阵地。齐军仍然攻不进鲁军阵中，无奈再次退回。

齐军两次进攻，鲁军都没有应战，决定再次发动进攻。但是由于前面那两次进攻都没有取得成功，齐军士气比较低落，尽管看起来来势凶猛，但势头却没有之前两次大。曹刿看到这一情况，对庄公说："现在可以进攻了。"鲁军将士听到进攻的命令，士气高昂，都争先恐后地出击，把齐军打得节节败退、七零八落，齐军匆忙撤退。这时候庄公想要乘胜传令追击。但曹刿阻止了他。曹刿走下战车，仔细观察齐军撤退的车辙痕迹，然后又重新登上战车，扶着战车前面的横木，眺望齐军撤退时的阵型，才说道："可以追击了。"于是庄公马上下令追击齐军，俘获大量甲兵和辎重，把齐军赶出国境。

鲁军获胜后，庄公与曹刿论及战争胜负的原因。曹刿说："作战，是靠勇往直前、毫不畏惧的气概。齐军第一次击鼓能够提振士气，第二次击鼓士气就已经开始低落了，等到第三次击鼓，士兵们的士气已经耗尽了。他们的士气耗尽而我军的士气高涨，这样才能够战胜他们。而像齐国这样的大国，他们的情况是难以揣测的，我害怕他们佯装撤退实际上设有埋伏。我看他们撤退时车轮的痕迹很混乱，旌旗也倒下了，判断他们是真的溃退了，所以下令追击。"

曹刿论战体现了春秋时期的战术思想，同时也可以看出战车在春秋战争中的重要地位。鲁国列战车为阵进行防守，齐国败退时，曹刿通过车辙印来判断是否有诈，表明战车是这一战的主力。

炫耀武力的资本

春秋初期，由于受到经济实力、技术水平及人口数量的限制，各诸侯国军队规模仍然较小，大国一般拥有战车千乘左右，强卿约在百乘上下。晋国从1军、2军增加到5军、6军，但城濮之战只能动用战车700乘，鞌之战动用了800乘战车。齐国在齐桓公时，仅有800乘战车，楚国在鲁庄公二十八年伐郑之役，还只能动用600乘兵力。春秋中期以后，各国战车数量急剧增长，晋、楚等大国最多时达5000～8000乘，齐、秦各有2000～3000乘，连当时的小国邾国也拥有600乘战车，强卿拥有战车已达千乘。到春秋后期，由于县制的推行，各国兵力继续

艾陵之战

崤之战

迅速增长，战车规模也继续膨胀。晋国在鲁昭公时全国有 49 个县，每县有 100 乘兵力，共有 4900 乘兵力，鲁昭公十三年晋治兵于邾南，动用甲车 4000 乘。楚国在楚灵王时，单是陈、蔡、东西、不羹四个大县“赋皆千乘”，有战车 400 乘，再加上申、息等县和其他地方的军队，兵力已达万乘。

春秋时期各国对战车和车战的重视，使战车成为战争的主角，车战成为最主要的作战样式，在中原地区进行的重大战争，一般都以战车决定最终的胜负。一些代表性的战例，如繻葛之战、崤之战、城濮之战、艾陵之战等莫不如此。战车在战争中的决定作用进一步刺激各国增加战车数量，加强车兵建设。郑国在春秋初年强盛时期的克段之战也仅能运用兵力200乘，春秋后期子展、子产伐陈时已可动用战车700乘，全国战车数量将近2000乘；晋在城濮之战时动用战车700乘，全国不过1000乘。到春秋后期平丘之会时已可动用战车4000乘，全国战车达7000～8000乘；楚国初期弱小，但城濮之战时战车数量已达1000乘，超过了晋国，到楚灵王时，全国战车已近万乘；秦国在春秋初期战车约为1000乘，到后期达到了2000～3000乘。其他如鲁、卫、宋等小国在春秋晚期也有“千乘之国”的实力。

战车的重要性深深地植入了人们的思想观念，以至兵学家们在著述中总是把战车和车兵置于优先的位置。军事家孙武就用“凡用兵之法，车千，革车千乘，带甲十万”来描述当时的战争场面。当时各国计算战果或战争损失，也往往以战车数量来衡量如秦国在崤之战中全军覆没，被称作“匹马只轮无返”；晋国大败齐国于廪丘，所得战果的标志是“得车二千，得尸三万”；齐伐冠氏“车五百”，艾陵之战丧失“革车八百乘，甲首三千”等。

“师兄弟”间的战争

战国时期，列国伐交频频，虽然骑兵开始兴起，但车兵仍然是军队中的主力兵种，在战争中发挥着重要作用。在战国时期有两位著名的师兄弟，就是庞涓和孙膑，相传他们两人都拜鬼谷子为师，共同学习兵法。有一年，庞涓得知魏国的君王正在招纳贤才，就想要去魏国施展所学，谋求富贵。于是庞涓来到魏国，受到魏王赏识，拜为将军。庞涓知道孙膑的才能比自己要强，所以把孙膑邀请来魏国进行监视，后来更是因嫉妒孙膑的才能，捏造罪名将孙膑处以膑刑和黥刑，想要让他在世间埋没。后来齐国使者出使魏国，孙膑秘密拜见使者，并通过自己的言辞和才能打动了齐国的使者，最终在其帮助下，逃到了齐国。来到齐国的孙膑，寄居在田忌的门下担任门客。而后发生了大家熟悉的田忌赛马的故事，田忌发现了孙膑的才能，推荐他去见了齐威王。齐威王十分赏识孙膑并重用了他。

公元前354年，赵国进攻卫国，由于卫国是魏国的保护国，这让魏国感到了威胁，于是就派庞涓领兵，联合宋国一起帮助卫国反攻，将赵国的国都邯郸包围，赵国迫于无奈向齐国求援。齐威王本来听说邯郸被围，就想要立即出兵，但被大将段干朋劝阻，建议在赵、魏两军都无力再战的时候出兵，齐威王采纳了这一建议。到了第二年，齐威王任用田忌为将军，孙膑为军师，率军前往救援。孙膑认为魏国主力都在进攻赵国，其国都大梁肯定兵力空虚，如果进攻大梁，必定会诱使魏军回援，到时候赵国之围自然解除，还可以在魏军回援的路上，趁其疲惫的时候，向其攻击，一举将其击溃，于是齐军向魏都大梁进发。孙膑派遣轻快战车到魏都大梁的郊外，同时让少数的士卒分散跟随在战车之后，显出一副兵少将寡的样子。庞涓得知这个情况，并不知是个骗局，放弃了大量辎重，率领精兵强将紧急回援，但是在这个时候，齐军已经在魏军必经之地桂陵设下了埋伏。由于魏军长途奔袭，已经疲惫不堪，齐军以逸待劳，一举击溃了魏军，俘虏了庞涓。后来经过调停，又释放了庞涓。此战中，齐军的轻快战车在诱敌中起到了关键作用。

桂陵之战后，魏国经过几年的休整，逐渐恢复向列国发动战争。公元前 342 年，魏国进攻韩国，韩国抵挡不住，向齐国求援。齐国依然任用田忌为将、孙膑为军师，运用桂陵之战中“围魏救赵”的策略，伐魏救韩。孙膑知道庞涓对自己的嫉妒与愤怒，知道庞涓一定会把握机会来击败自己。于是向田忌献上一条妙计：让齐军佯装成很害怕的样子，每天都向后撤退，第一天的行军营地挖 10 万个行军灶，第二天减为 5 万个行军灶，第三天再减为 3 万个行军灶，庞涓肯定会通过行军灶的减少，得出齐军溃散的结论，一定会亲率孤军追击。这就是著名的“行军灶之计”。三日后，庞涓看到这个情景，果然如孙膑所料，认为齐军在进入魏地之后，人员急剧衰减，这是战胜孙膑的好机会。于是抛弃辎重步兵，亲率一支骑兵昼夜追击齐军。而这一切都在孙膑的算计之中，他选择了马

战国时期战车

陵作为伏击之处，马陵地势极为险峻，道路十分狭窄，齐军把许多战车和兵器作为障碍物设在此地，用以阻碍魏军。在此战中，歼灭魏军于“窘处隘塞死地之中”。之后魏国实力大减，再也没有称霸中原的力量。

从这两次战役可以看出，战国时代的战车使用虽然军事地位不再像春秋时代一样高，但只要能够灵活使用，依然可以在战争中起到重要的作用。

车骑混战，北拒匈奴

战国末期，秦王嬴政在几代秦君奋发图强的基础上，凭借强大实力统一了中国，秦国的虎狼之师在统一六国的过程中，发挥着极为关键的作用，正是因为其强大的战斗力，对其他六国军队形成碾压之势，堪称军事史上的传奇。秦国统一全国之后，车、步、骑、水 4 个基本兵种共同组成了秦国军队，从这里可以看出来，虽然车兵不再是军队的主体，但依然是军队的一个重要组成部分。秦王朝继续进行开疆拓土的战争，北击匈奴，令“胡人不敢南下而牧马”。在这些战争中，秦军仍大量使用战车，直到秦末农民战争时期，战车仍然是衡量军事实力的一个重要标志。汉初，车兵一度盛行，汉文帝对匈奴作战曾一次发车千乘。随着对匈奴大规模战略反击的开始，汉军战车的作战使用发生了重大变化。终汉一代，虽不再有大规模的车战发生，车兵也持续衰落，但战车和车兵仍然具有重要的地位。

秦统一后，大规模地用兵作战主要是北击匈奴、南平百越和镇压秦末的农民大起义。史书记载，秦军在与匈奴军队和农民军作战时都曾大量使用战车，而以北击匈奴之战对战车的使用最为典型。公元前 215 年，也就是秦始皇三十二年，由于匈奴经常侵扰秦国北方边境，威胁中原地区，秦始皇命令大将军蒙恬率领 30 万大军向北进攻匈奴。秦国大军分为两路向河套地区发动进攻。河套北部地区由蒙恬亲自率领秦军主力，经现在的陕西榆林进攻；河套南部地区由驻守北地、陇西两地的秦军进攻。秦军的攻势非常迅猛，匈奴来不及反应，被打得措手不及，秦军顺利夺回河套南部地区。第二年春，秦军渡过黄河向北进攻，占领了高阙、阳山、北假等地，在这些地方设置了 34 个县，重新设立了九原郡。匈奴慑于秦军的强大压力，向北迁徙。为了防止匈奴人休养生息之后再度侵扰中原，秦始皇命令蒙恬继续在塞外屯守。又命蒙恬把从前战国时秦、赵、燕 3 国北边的长城连接起来，筑起 2500 余千米的新长城。

这次战争，秦军战车发挥了巨大作用。因中原战马供应问题，秦军骑兵数量有限，其攻击仍以步、骑

秦军战车

汉代战车

和战车相结合的战法为主。秦军按照集中兵力、穷追猛打、速战速决的作战原则，以战车开路，车弩支援步骑作战，箭矢如蝗，“若鸷鸟之追群雀”，充分展示了车、步、骑等多兵种大兵团协同作战的巨大优势。

秦末汉初，匈奴依然是中原严重的威胁。元狩四年（公元前 119 年）漠北大战时，原定由霍去病部经由定襄向北进攻，但是听闻单于部向东去了，就改变计划，命令霍去病从代（现在的蔚县东北）出击，让卫青率部从定襄出击。但是当卫青来到塞外之后，发现单于并没有向东去，于是命令李广、赵食其从东路迂回策应，自己则率领精兵急速进击。卫青率领大军穿过大漠，行进千里，与早已经布好阵的单于部队接战。卫青创造性地运用车骑协同的战术，命令部队以武刚车“自环为营”，稳住阵脚，有效地防止了匈奴骑兵的突然袭击。

天汉二年（公元前99年）九月，汉武帝派李陵率5000步兵（应为车步兵）孤军深入，出居延500余千米，在稽山遭遇了单于主力，被3万匈奴骑兵包围（后增到8万）。李陵及汉军将士面对数倍于己的强敌，并没有退却投降，而是沉着应战，汉军在两山之间，将战车列为营垒。李陵亲率战车出营列阵，前排持戟和盾，后排用弓和弩，将士们英勇奋战，连战连捷，经过几番血战，汉军将士有很多都受伤了，受到三处创伤的就用战车载着，受到两处创伤的就驾驶战车，受到一处创伤的坚持战斗。经过10天的战斗，汉军共斩杀匈奴骑兵1万余人。后来弩矢全部射尽后，残兵3000人弃车以车辐、尺刀与敌展开激烈肉搏，最后全军覆没。此战虽以汉军的最终失败告终，但汉军步兵的战斗力和战车的作用却发挥得淋漓尽致。

曹军列阵阻强敌

在三国两晋南北朝时期，重骑兵以其机动灵活性和冲击力表现出了巨大的优势，成为各国优先发展的对象。然而，由于许多政权缺乏优秀的马匹和骑士，或者由于制造装甲的技能和能力，以及财政资源的限制，军队的组成仍然不得不以步兵为主，这一点在南方的汉族政权表现最为突出。如何使用步兵对抗强大骑兵，是贯穿于这一历史时期军事科学发展的一个问题，而战车也就是在破解这一难题的过程中找到了自己的用武之地。

三国时期，军车主要有运车、战车、司南车、记里鼓车等，其中运车数量最多，主要用于粮食、帐篷、军用物资的运输。

以运车等军用车辆列阵防御的战法在三国时期屡屡出现。东汉末期的官渡之战是奠定格局的一战，曹操在此战中击败了强大的袁绍，为后续统一北方打下坚实基础，我们都熟知的是，最终曹操是靠着奇袭乌巢，焚毁了袁军的粮草，以此击败了强势的袁绍。其实就官渡之战的过程来看，除去双方的战略布局之外，实际上双方在官渡打的就是一场围绕着后勤的战争。官渡之战时，袁绍曾用数千乘运车运送军粮，被徐晃、史涣全部烧毁后，又调集运车“万余乘，在故市、乌巢”遂行运输任务。袁军多次派兵袭扰曹军的粮道，对曹军威胁很大，曹操部将任峻“使千乘为一部，十道方行，为复阵以营卫之”，也就是以千乘为一部，每部以10路纵队结成方阵前行，并在方阵外列成复阵，从而形成间隔狭窄并有一定纵深的车阵，不仅使袁军骑兵无法高速突击，而且护卫辎重的曹军还可依托车阵的保护杀伤敌人。

建安二十三年（公元218年），乌桓叛乱，曹操命令儿子曹彰率军北征，当曹军进入到涿郡的境内，遭到胡人数千骑兵的伏击。当时，曹军兵马还没有集结，骑兵几百人，只有步卒千人。众人心生畏惧，乱作一团。曹彰听从田豫的建议，依据地形把战车结成

武刚车

环阵，让弓弩手藏在阵中，步卒在战车之间虚张声势。面对曹军车阵坚固的防御，胡人骑兵虽兵力占优，却不敢前进，被迫散去。

这两场战事体现出了三国时期结车为阵成为战车参与战争的主要方式之一，经过战法的改进，三国时期的车步兵的防护力和抗冲击力较西汉时期有了很大提升。三国时的车阵战法除以武刚车列阵在进攻中作前驱外，也经常将武刚车、运车等后勤车辆用作防御作战时的障碍物，在遇到敌人骑兵突然袭击时，掩护部队转入防御，增强防御的稳定性。

刘裕大摆却月阵

经过长时间的继承和发展，南北朝时期的车阵阵形比三国时期更加多样，针对不同兵种的敌军，依据地形等各方面因素，使用不同的阵法。尤其是针对骑兵特别是重骑兵作战的特点，灵活使用车阵，使车、步、骑兵协同作战，使己方步兵与骑兵的作战能力得到了很大的提高，弥补了骑兵不足的缺陷。

义熙五年（公元409年），刘裕北伐南燕时，南燕国主慕容超认为可以凭借万乘战车、万余骑兵战胜刘裕，打算将刘裕的军队引诱至能够发挥骑兵优势的战场，使用骑兵多次冲击敌军步兵。刘裕有战车四千乘，在进兵途中让战车分为两翼，步兵在战车中间行进，骑兵在队伍的两侧前后警戒。当燕军万余铁骑来袭时，刘裕命令战车结为车阵来对抗，双方经过长时间的激战，打到晌午也没有分出胜负。随后刘裕听从胡藩的建议，认为南燕主力都出城作战，临朐必定守备空虚，于是派兵迂回，奇袭南燕后方重镇临朐，大败燕军。此次作战中，刘裕采用车、步、骑协同作战的战术，有效阻滞了南燕骑兵的冲击，虽然没有能够通过战车直接击溃燕军，但这次战役以车阵为主，证明车阵如果运用得当，可以抵御大规模骑兵的突击，为刘裕积累了对抗骑兵的丰富经验，为此后刘裕进一步改进车阵战法打下了基础。

义熙十二年（公元416年）八月，刘裕率五路大军攻打后秦。三月，水军自淮、泗入清河，准备沿着黄河西进，但是由于此地在北魏的控制之中，就派人向北魏借路。但是明元帝拓跋嗣担心刘裕名义上是借路攻打前秦，实际上想要攻击北魏，所以拒绝了刘裕借路的请求。同时派遣大军驻扎在黄河北岸，监视晋军，以防不测。刘裕虽然没有能够借路成功，但依然打算按照原计划行军，于是率军入黄河向西行进。在行进的途中，刘裕大军多次被北魏军队袭扰，使得进军迟缓，少量兵士被北魏杀害。这一行为引起刘裕大军的强烈不满，刘裕决定登岸痛击魏军。四月，刘裕命部将丁旿率 700 人及战车百乘，抢渡至黄河北岸，在距离河边百步的地方，依黄河列下弧形车阵，两头抱河，由于阵型的形状像一弯新月，所以被称为“却月阵”，每辆战车配备 7 名持仗士卒。由于北魏不明白敌军的意图，没有敢采取行动。随后，宁朔将军朱超石率 200 兵士携带百张大弩接应丁旿，每辆战车上

却月阵

增设20名士卒，并在车辕上张设盾牌以保护战车。这时候北魏军队才恍然大悟，随即发起进攻。朱超石先以软弓小箭射向魏军，让魏军以为晋军兵少且弱。魏军中计，围攻晋军，并派长孙嵩率3万骑兵增援。朱超石令士卒改换大弩集射，后敌军越来越近，又命将士将预先准备的千余张槊截断为三四尺长，用大锤锤击射杀魏军，由于刘裕所摆阵型为弧形，迎击面小，阵型较为牢固，反而是魏军距离越近，受到的杀伤越大。魏军渐渐地无法抵挡，死去的骑兵和战马相互积压。

刘裕的“却月阵”以战车百乘，战胜了北魏数万骑兵，显示了强大的实力，是以步制骑并且成功的经典战例，为后世军事爱好者所称道。

房琯盲目无知引发的悲剧

隋唐时期，春秋车战之法，已经沦为军事史上的陈迹。军用车辆在野战中已多用于运输，也继续沿用着前代的车阵战法。不过唐以后，轻骑的兴起和步骑协同作战的要求，野战车辆进一步向多种功能发展，作战支援保障的作用更加突出。用于步兵搭乘和提高机动速度的车辆、用于为步兵和骑兵开辟作战通道的车辆、直接隐藏保护步兵冲锋的车辆、突破坚固工事的车辆均在战争中大量使用，并屡有上佳表现。这些车辆在大多数时候并不直接用于解决战斗，而是完成作战的保障任务。然而，安史之乱时，在春秋车战衰落千年之后，竟然又有一位统兵主帅想使这一陈迹复苏，以致上演了一出车战的悲剧，这个人就是唐朝的房琯。

房琯是开元天宝时期著名的能臣，安史之乱爆发后，唐玄宗仓促地带着后宫和近臣们逃走。玄宗逃到蜀中后，等待着昔日的旧臣前来与自己会合。出乎他意料的是，他寄予厚望的女婿张垍投靠了安禄山，而曾经被冷落的房琯，却只身千里迢迢前来投靠唐玄宗，唐玄宗感慨之余，立刻任命房琯为宰相。肃宗于灵武矫诏登基后，玄宗被迫承认了这一事实。房琯作为玄宗的代表，受命前往灵武，向肃宗传达玄宗追认禅让的旨意。

干练的房琯在这次出行中深受肃宗敬重，加上房琯早就名扬天下，唐肃宗便将他留在灵武做宰相，由房琯负责主持朝廷的正常运作。在灵武朝廷局面稳定

房琯的复古战车

后，收复两京之事提上了日程。此时安禄山已经登基称帝，叛军雄踞唐朝的东都洛阳和西京长安。首都的沦陷大大动摇了灵武朝廷的合法性，因此，收复大唐的都城长安变成了灵武朝廷的首要目标。作为当朝宰辅，房琯主动请命，承担起这次进军的重任。正是出于对房琯的信任，唐肃宗决定让房琯来当征讨叛军、收复两京的统帅。

但想要收复长安并非易事，安禄山派遣安守忠作为关中节度使，统帅十万大军驻守在长安周边，悍将李归仁、田乾真、孙孝哲等人也各自率领精锐部曲，构筑起钢铁般的关中防线。面对着如此棘手的强敌，房琯也不敢轻慢。他向肃宗请命说，想要自行挑选僚佐、帮助自己去前线平叛。房琯挑选了将军王思礼、邓景山作为副将，又让李揖、刘秩等文士充任参谋。

房琯本人并不通晓军事，但他平时和李揖、刘秩这些谋士们交谈，对他们的军事主张十分信任，相信自己精挑细选的参谋一定可以出奇制胜，制定走向胜利的作战计划。在搭建完僚佐班子后，房琯正式誓师出征。房琯将主力部队分为三部：将军杨希文率领南军、将军刘悊统领中军、名将李光弼之弟将军李光进则统率北军。房琯自己坐镇中军，总督各军。

唐军很快抵达长安城外不远的便桥，房琯的主力与敌军发生遭遇战。中军与北军遇见的是叛军主力，双方进行了激烈的战斗，唐军却并没有取得优势。面对棘手的战况，房琯打算谋定而后动，采取更加稳妥的办法与敌军抗衡。但正在这时，作为唐肃宗代表的监军宦官邢延恩却逼迫房琯尽快出战。在邢延恩的逼迫下，房琯不得不再次冒险进攻，以逸待劳的叛军大败唐军，唐军死伤惨重，不得不暂时撤退。尽管中军与北军蒙受了巨大损失，但是杨希文统率的南军的到来，却补充了此前战斗中损失的军力，使唐军重新拥有了主动进攻的能力。两日后，房琯再次主动出击，与叛军决战。

此前的战败让房琯意识到，唐军和叛军相比实力不足，必须要出奇制胜，荒唐事发生了。为了稳步行军，房琯听取谋士李揖、刘秩等人的建议，决定效法春秋时期的战法，在军队中携带两千乘战车，士兵以战车为营地，可随时进军和驻扎。但房琯没有想到，他和谋士们这种荒唐的作战方式，被久经战阵的叛军将领，迅速抓住了战术上的巨大漏洞。决战开始后，叛军针对性地采取了相应的战术，叛军中发出巨大的噪声，扰乱了唐军中牵引车辆的牛马。随后，叛军又采取火攻战法，牵引战车的牛马失控，唐军的军阵被彻底冲垮。

一场大战下来，唐军在叛军的追击下损失了四万余人，房琯本人更是从前线狼狈逃回灵武，而他带去的将军杨希文、刘悊纷纷投敌，房琯的出征也以惨败而告终。

宋朝迫于无奈的尝试

进入唐宋之际，经过长时间战争的洗礼以及各国的争相研究发展，骑兵作战的战法已经趋于完善。在此之后的冷兵器战争时代，骑兵在与其他兵种的对抗中处于绝对优势，已经无可替代地成为战场上的主角。在与强悍的北方骑兵的多次交锋中，宋王朝也认识到只有发展自己的骑兵，通过“以骑制骑”才能真正扭转战场上的劣势局面。然而优良的战马大都源自北方，宋朝无法获得大量战马，存在着发展骑兵的先天不足。马匹的数量与质量，对宋朝来说是一个难以解决的问题，再加上制度弊端等多方面因素的影响，导致宋朝骑兵的战斗力严重不足，难以与北方骑兵相对抗，无法实现“以骑制骑”的构想。宋朝统治者不得已只能退而求其次，“以车制骑”的主张就是在这种情况下复苏的，具有很高的呼声，并对战车的发展产生了相当的影响。宋朝“以车制骑”的实践主要集中在三个时期：一是北宋仁宗时期；二是北宋神宗时期；三是南北宋交替时期。

宋仁宗为了应付西夏军队的威胁，采纳文武大臣的意见，开始尝试制作一些战车的样车。皇祐元年（公元 1049 年），仁宗在崇政殿亲自阅视知州、供备库副使宋守信进献的“寨脚车”“冲阵剑轮无敌车”等兵车装备，但史料对两种战车具体的车制并没有记载。仁宗至和二年（公元 1055 年），汾州团练推官郭固提出车战建议，并参考前人吴起、马燧、李靖等的创意，根据宋朝实际作战需要进行综合设计，改造民车作为战车，进呈了“陷阵车”样式。郭固的战车设计和战车战术赢得了包括名臣韩琦在内的许多朝臣的赞同。宋仁宗遂同意采用郭固方案，试制样车。宋仁宗对战车表现出了很高的热情与极大的兴趣，每次有人呈献战车式样，均在崇政殿亲自阅视。他的态度对各级文武官员产生了很大影响，纷纷提出各种应用战车御敌的策略，但仁宋时期并没有新型战车用于作战实践。

宋神宗面对宋对周边政权军事上胜少败多的局面，特别是面对北部边境的强大军事压力，立志变革图强，积极发展军事力量。为了对付辽、西夏强悍的骑兵和南方政权的象阵，宋神宗非常重视“以车制骑”的策略，并且下决心付诸实践，甚至成立了专门的造车所。王安石等当权朝臣也对战车寄予厚望。神宗认为，北方地势较为平坦广阔，适合以车为营作战。他下令在黄河沿岸采伐木材，用来制造 3000 辆战车，同时责成军器监研定具体战车样式，抓紧时间制造。此外，还命令诸路经略司编整队伍，准备操练唐朝李靖车阵战法。由于战车所需木材较多，为了解决这一问题，神宗下令检括民车，后来听从了沈括等人的意见才作罢。他不仅始终关注造车之事，而且内心颇为着急并对承办机构和官员的办事效率表示不满，曾批示：“累降指挥，令军器监具可用战车制度闻奏，至今未见将上，宜令疾速详定进呈。”实事求是地讲，检括征用民车不仅劳民伤财，而且当时的民车既重又慢，并不适于神宗所设想的战法。

宋金富平之战

两宋之交，为了抵抗一路南下的金军铁骑，以车制骑的呼声再次高涨。宋廷南渡以后，依然有一部分人热衷于车战，希望能用战车来阻止金军的南侵，其中最有代表性的是抗金英雄宗泽、李纲二人。宗泽研制战车，李纲创新战法。南宋抗金名将张浚，也是以车制骑思想的极力主张者和实践者。他认为："敌人的优势在于骑兵，我方的优势在于步兵，克制骑兵的方法莫过于劲弩，与劲弩搭配莫过于战车。"并命令都统制陈敏增专门制造"弩治车"。建炎四年（公元 130 年），宋金富平之战中，宋朝一方"每州县自为小寨，以车马为卫，相连不绝"。但这一次战争以宋军惨败而告终，“车马为卫”没有能够抵挡住金军凌厉的铁骑攻势。此后，车战的建议逐渐销声匿迹，偶或有人旧话重提，也提不起统治者的兴趣。

宋代“以车制骑”的战术思想在实战中并没有坚决地贯彻落实，主要原因是以车制骑的战法实战效果并不理想。而战果不佳的原因不仅在于战争形态的改变、战车制造技术的退化，而且在于战略战术思想的保守和国家财力的困难。“以车制骑”不仅是战术思想上的复古，更是消极防御战略思想的反映。消极防御的战略是两宋时期国家安全战略与军事战略的突出特征。试图依靠战车作为对付骑兵的撒手锏这一战术思想，不仅违背了战争发展规律，是逆军事发展潮流而动，而且限制了宋军的装备发展和战术变革。

没落战车如何在明朝逆袭

明朝时期，中国北方危机的绵延不断，加之火器在战场上广泛应用，使被步兵的庞大和骑兵的辉煌遮掩了1000余年的战车奇迹般地重新成为战场的主角，催生了能够遏制骑兵冲击的车营部队。

土木之变后，明朝遭遇了开国以来最严重的边患危机，在生死存亡的关头，明廷上下苦苦思索应对良策。正统十四年（公元1449年），户科给事中李侃首创在战车上装备火器，并开启了明代步骑混合车战战术的时代。此后，景帝命工部督造战车，比李侃设计的战车更加注重防护力，车厢上下均大量采用牛皮或马皮，以提高防火和防御矢石的效果。战车的规制也被放大，“每车用马七匹，军士十数人”，不仅提高了战车的机动能力，每辆战车的作战军士也增加了二三倍。

明代战车由单纯的辅助载运工具，发展成运载、发射火器的平台，进而又成为抵御北方部族骑兵的重要手段，其战术内涵在实战中不断得到发展。在守势作战中战车可以于战时行营、抵御骑兵冲击、防守隘口、保护樵采、保卫并协同步炮骑兵作战。而在攻势作战中，则可以用于轰击城门、掩护攻城部队进入敌城等。战车用途可谓十分广泛。

防御。明代与宋代一样，战马严重缺乏，因而难以建立大规模的骑兵。明成祖朱棣以后，明军在与北方游牧民族的作战中逐渐丧失了主动性，而多采取守势，在边关修建城堡、关隘、墩台。在防守这些地方的时候，战车可以依托坚固的堡垒，提高防御的纵深。土木之变后的景泰元年（公元 1450 年），于谦防守北京，在城外大营中就布防了战车，辅以鹿角，配置火器，防止骑兵冲击。嘉靖二十三年（公元 1544 年），蒙古骑兵再次进攻北京，以致京师戒严，明军在郊外布防时也使用了战车。

野战。明代战车与车营主要用于对付骑兵，“防其冲突”，这在野战中往往能发挥一定作用，也取得了不少的胜利。宣城伯卫颖在凉州曾用战车作战，获得野战的成功。景泰初年，郭登镇守大同，为保护居民不受蒙古骑兵掳掠，使用偏厢车保护军民，取得了一定的效果。万历二十七年（公元 1599 年），蒙古 10

明代车营战车

万大军将 3 万明军围困在七里沙滩，由于蒙古军队无法攻破车营壁垒而使得明军得以保全。万历四十七年（公元 1619 年），兵部侍郎杨镐经略辽东，兵分四路，进攻赫图阿拉，与后金在萨尔浒激战，但最终被后金各个击破，总兵马林在被击败后，依靠车营不仅得以生还，而且小有斩获。崇祯二年（公元 1629 年），京师保卫战中，孙承宗派遣尤岱率领车营 3000 人驰援袁崇焕，重创了后金军队，迫使其退回南海子老营。

伏击。战车本不利于在险要地形作战，只要指挥得当，在复杂的地形中也能出奇制胜。嘉靖十五年（公元 1536 年）秋，蒙古轻骑 6000 人进入宁夏大肆劫掠，宁夏总兵王效察知后，在打口设伏，待敌骑通过大约一半时，弓弩、火器齐发，然后以轻车冲入敌阵，拦腰截为两段，击溃了这支骑兵。隆庆二年（公元 1568 年），戚继光在青山口大捷中，先以“擂石、弓矢、枪炮将前哨贼击退”，继而统率车营打败了蒙古朵颜部董狐狸及其侄长昂的进攻。

攻坚。战车本难以在城池和营垒攻守战中进行攻坚，但由于明朝战车多以车、步、骑混合协同作战，且配备有强大的火器，所以在攻坚战中也屡屡发挥作用。万历二十六年（公元 1598 年）四月，日本侵略朝鲜期间，京营总协陈良弼建议抽调“神枢神机两营轻车三百八辆，付备倭营训习，以备缓急”，战车开始走出国门，御敌于外。同年十月在朝鲜战场即获战果，“西路总兵刘綎本月初二日用战车倒木栅，烧毁倭巢六十余间，杀伤无数”。

崇祯时，后金曾兵临北京城下，并以战车部队在辽东做准备攻击状，牵制了大量明军。崇祯四年（天聪五年，公元 1631 年）后金军围攻大凌河，据明军获得的情报，后金有“车辆攻城钩梯器械及大炮四五百位”。在攻城战中，后金军使用战车架红夷大炮、大将军炮轰击城内明军。在迎击明军援军的长山之战中，皇太极命行营兵车列于前，护军、蒙古兵及厮役列于后，由营兵推动战车向明军推进，马兵射箭冲锋，击溃了明军。战后，皇太极大行封赏，受封者多为率战车、火器的将领，可见，皇太极对此役中战车和火器部队的表现极为满意。崇祯六年（公元 1633 年）七月，后金军进攻旅顺，使用西洋大炮 5 门，战车、云梯车无数。旅顺之役后，后金军在骑兵、车兵和红衣大炮上均已不逊于明军。至崇祯十三年（崇德五年，公元 1640 年），明清战争中辽东战场上的最后一战——松锦大战，清军终于借助这种力量对比的有利变化彻底击败明军。

清代战车唱挽歌

后金崛起之时，俘获了明军大量战车并仿制。清代编修的《满洲实录》记载努尔哈赤的征战经过，绘有 13 幅战车图。努尔哈赤时期后金使用战车，多用于掩护攻城，仅在辽阳一役中与明军野战。

万历十二年（公元 1584 年），努尔哈赤为了给妹夫噶哈善复仇，率领 400 名士兵进攻纳木占、萨木占、纳申、完济汉。当兵临马尔墩山下时，由于山势

明军中的葡萄牙雇佣兵与装备楯车的八旗军作战

后金军队

陡峻，努尔哈赤使用3辆战车并进，攻击山城。战车不仅没有发挥作用，而且在攻城时还被城上飞石摧毁2辆。不过，此战说明后金军队已开始在作战中尝试使用战车，为清军使用战车的首个战例。帮助满洲八旗军在与明军的作战中对抗火器、渐占上风并最终获得胜利的，并不是大家通常意味的“骑射”，而是一种秘密武器——“楯车”。楯车，就是带盾牌的车，它是后金创造的一种用来对付明军火枪火炮的防御性武器。

清代以骑射得天下。后金入关前后，出于和明朝作战的需要，在一些战争中使用了战车。但随着明朝的灭亡，满清政权的稳定，以及军事威胁的消失，统治者对战车的重视日减。

清代大将年羹尧辑《治平胜算全书》，第九卷有《车营法》，还有几卷录有明代战车，并建议提供更多经费给进献战车火器者。此后的岳钟琪也十分重视战车，并在西北军事上大量运用战车，共有 3000 辆专为攻战之用，此外尚有运输用的粮车 7000 辆。乾隆年间，仍有人对战车进行研究和讨论。魏源《海国图志》中仍认为："西北平原大碛，陆战用炮，必先立战车以制敌骑，然后驾炮于车以破敌阵。"林则徐在青海时也曾使用战车，光绪三年（公元 1877 年），廖连城《上都察院条陈》曾详载其车制，除火炮不同外，基本车制与明代无异。廖连城还希望把战车作为与西方人作战时反登陆作战的兵器，并于同年上书希望以战车加强天津防务。但总体来看，清军使用战车的战例实在有限，官修史书也对战车倍加贬抑，反映了清朝统治者轻视战车（由于明代战车主要以火器作战，轻视战车也是轻视火器的体现），从而导致明代辉煌一时的战车在清代几近于销声匿迹。

2

外国古代战车

世界最早的战车

公元前3500年左右，苏美尔人迁徙到了西亚的美索不达米亚，也就是幼发拉底河与底格里斯河流域，创造了灿烂的文化。在公元前3100年—公元前2900年，商品交换的发展促进了运输业的发展，出现了世界上最早的车，此时的车主要是两轮车和四轮车，用于交通运输。后来随着对外战争的需要，用于运输的车辆逐渐发展而成为战车。在现今伊拉克乌尔城的考古发掘中，发现了公元前30世纪中期苏美尔人战车的浮雕和公元前26世纪的苏美尔城邦的军旗，它们清楚地揭示了苏美尔战车的基本形制。

苏美尔战车是重型车辆，使用实心的木盘式的车轮，一车或2轮或4轮，以4轮居多。车轮是用木板拼凑而成的，无辐，轮径较小。每个车轮都由3个部件组合而成，很可能是用轮毂安装固定在车轴上，整个车显得十分笨重。车身狭窄，前部高大。车舆分为前、后两箱，都比较大，其中前箱设置有盾板和标枪，用来防御和攻击；而后箱主要用来乘载武士。一辆四轮战车一般承载两名武士，都披挂甲胄，1名武士站在前面，手里拿着辔索驾驭战车，另1名武士则是站在伸出的车尾上，拿着战斧或弓箭，主要负责远程射击和近身肉搏。两轮战车的机动性要比四轮战车好，但是只能搭载1人，可能主要是用来传递信息或者运送军官。战车一般由4头牲畜牵引，有短衡和独辕，通过颈带把牲畜的颈部固定在衡上，挽轭仅

苏美尔战车

套在内侧的两头牲畜上，外侧的两头只通过颈带相连，这样可以使得外侧的牲畜负荷较小，从而速度较快，带动内侧的两头牲畜，以达到提高战车速度的目的。但是这样也有弊端，非常不利于充分利用畜力。缰绳穿过牵引杆上的金属环与牲畜的鼻圈相连，这样驭手可以通过拉扯缰绳来使牲畜停下，从而控制战车的行进与停止，但是无法控制方向，如果想要调整行进的方向，则需使用语音、鞭子或刺棒。无论是轮、辕的形制还是系驾的方法都显示了车的原始形态。当时的苏美尔人尚未养马，因而战车都是用驴驾挽，直到约公元前2100年，马匹才从北方的游牧民族传到美索不达米亚地区，成为战车的主要畜力。

苏美尔武士的战斧是一种短柄武器，并不适合在战车上进行厮杀。而武士站在车尾上，也正是为了方便随时跳下战车与敌人近身搏斗。由此可以推断，苏美尔武士是在战车之下而不是在战车上作战，战车主要还是起着运载的作用。当敌我双方距离较远的时候，武士则可以从绑在战车侧面的枪袋中取出标枪投掷，远程攻击敌人。除此之外，战车还多用于追杀敌人，从败军身上碾压而过。但是，由于战车车体沉重，速度较快时也容易出现倾覆的危险，机动性较差，在接近敌人时其自身往往也面临着很大的危险。

苏美尔战车是为国家所有的，只在战前分配给士兵，战后需要归还国家。当时的苏美尔国家都拥有大量的战车，苏美尔城邦乌玛拥有60辆战车，其他城邦也大多拥有实力相当的战车部队。战车乘员多为王室成员。

美索不达米亚地区产生战车并不是偶然的，大面积的冲积平原为战车提供了很好的作战场地，在此后的数百年时间里，苏美尔战车逐渐传到西亚、中亚各国以及埃及、希腊、罗马等国家。

埃及贵族的特权

从埃及的编年史中得知，在公元前18世纪之前，埃及人还没有掌握制作战车的技术，埃及境内也没有马匹，直到公元前1730年左右，希克索斯人入侵了衰落的埃及第14王朝，在尼罗河流域建立了稳定的政权，在与外族的接触中，将战车这一新式武器引入了埃及。之后，埃及人进一步发展了战车的制造工艺，战车兵逐渐成为埃及军队的重要组成部分。根据新王国时期的浮雕显示，埃及战车在继承了苏美尔战车特点的同时，逐渐向轻快型战车发展，车厢狭小，有的甚至仅仅是一个前尖后宽的三角形状的圈框，还有的几乎没有车体，以尽可能地减少战车自身的重量，来增加车速。埃及战车一般使用两匹马来驾驭，这在当时已经非常奢侈，外观也比较华丽，车轮一般由4根或者6根辐条制成。一辆战车立乘1人或2人，非常考验武士的驾驶和射击能力，要一边驾驶战车，一边射箭杀敌。当时的埃及战车造价非常昂贵，巨额的制造成本是一般平民承担不起的，因此埃及战车基本上全部为贵族所有。

早期埃及战车兵数量并不多，直到第19王朝时期，经过长时间的发展，才成为一个独立的兵种，与步兵并列，能够单独遂行作战任务，并有自己的组织和指挥机构。埃及战车兵的首领称为“马官”，主要负责补给和训练等，由被称为“马厩主”的官员协助。另外，还有一些直接指挥战斗的战车兵指挥官。埃及战车使用的兵器依然还是短兵器，斜挂在车舆的

古埃及战车

两旁，可以看出，埃及战车的作战方法也是跳下战车近身厮杀。两人战车在作战时，扬鞭驾车的驭手站在右边，负责攻击的武士站在左边，发射箭支，后来的希腊人就是采用了这种战法。埃及军队正因为有了具有强大冲击力的战车，才有力量与强国赫梯对抗。赫梯战车兵的兵器主要是长矛，而埃及战车兵使用的是弓箭，弓箭的射程比较远，在作战时可以充分发挥先发制人的优势。

在卡迭石之战中，赫梯调集了 1.6 ～ 2 万人的队伍，至少有一半是战车兵，每辆战车配备 1 名驭手，2 名兵士。埃及国王拉美西斯二世也组建了 4 个军团约 3 万人的军队，以战车兵、弓箭手和投枪手为核心。战争开始后，拉美西斯二世由于求胜心切，贸然孤军深入。赫梯战车趁机渡过奥伦特河，切断了正在列队行进的埃及军队，截杀了大批埃及士兵，而后包围了拉美西斯二世。拉美西斯二世迅速召集自己所有的战车兵，首先向西方突围，失败后，调头对东侧的赫梯战车兵发起了冲锋。就在这时，士兵冲进了埃及军队的营帐，但他们只顾到处抢劫金银财物，而没有去继续歼灭拉美西斯二世的军队。等到埃及援军到来后，埃及军队重整旗鼓，列阵攻向赫梯军队。第一线为战车兵，作为冲杀敌人的先锋；第二线由 10 个横排的重装步兵队组成，手持盾牌和长矛等兵器，形成一个密集的阵列向前推进，在步兵队列的两翼有战车兵保护，同时这些战车兵还去压迫敌人的两翼；第三线仍是战车兵，作为后卫或用来追击敌人，轻弓箭手穿插在第一、二线中间，通过射箭来扰乱敌人阵线。埃及人用这一排兵布阵打败了赫梯的战车兵，最终迫使赫梯军退出了战场。

武士的机动平台

爱琴海地域的古希腊与古老的埃及和西亚有着密切的联系。古希腊人吸收了埃及和西亚的先进文化，创造了欧洲最古老的文明。

古希腊文明最先产生于克里特岛。在巴列卡特罗村发现的四轮车是欧洲最古老的车，它是中米诺文化初期的制品。另外，在第二克诺索斯宫的仓库中也藏有兵器和战车。

在公元前 15—12 世纪的迈锡尼时代，独辕的两轮战车成为重要的战争工具。特洛伊战争时，战车主要作为弓箭兵和梭镖兵的机动平台使用。在当时的战

古希腊战车

争中，战斗开始时，往往是先由双方的主将乘着战车进行决斗，之后再展开两军大规模的会战。古希腊的许多绘画都曾描绘了英雄时代的战车，这些战车乘载两人：驭手和武士。迈锡尼壁画展现了当时战车的样式。在古希腊末期前，战车主要用来增强武士的机动性，负责把武士运送到战场，到达战场后武士再下车与敌人进行白刃格斗。除了偶尔投掷长矛或远程射箭外，很少使用战车本身进行战斗。战车上没有安放盾牌的空间，因而乘员得不到任何防护。

希腊英雄时代的战车是两轮的。在车桥上安装一个轻型底盘，在底盘上竖立起由弯杆搭成的框架，框架之间用交织的皮革条连接起来，或用柳条编织成防护前胸和身体两侧的屏障。底盘的板面用皮革条编织而成，与古埃及战车一样。也有较重的用金属板装饰的战车。弯状的辕杆连接在底盘上，有时在轭端用一根连接到战车护胸板上的皮革条来支撑辕杆。

这些轻型战车的轮子可在一根固定车桥上转动，有 4、6、7 或 8 根辐条，而车毂由车桥销固定。牵引辕杆连接在通常由黄杨木做的轭上，轭被压在牵引杆的一个插销上，并用皮革条绑牢。迈锡尼战车是用 2 匹马拉的，而 3 匹马、4 匹马的组合在其后的英雄时代也时有出现。

综观早期世界各国的战车，其源头都是古老的苏美尔战车，都或多或少地承袭了苏美尔战车高箱大舆、小轮少辐、独辕居中在前的特点，以及相似的战斗方式。这与中国同时期战车相比，除独辕在前这一特点相类似外，在其他诸多方面都有一定的差别。

最受尊敬的战车兵

位于两河流域北部底格里斯河中游地区的亚述，在公元前10世纪末重新崛起。阿树尔那吉尔帕当政时期，组建了强大的战车兵、骑兵和步兵。战车和骑兵使亚述军队的机动性得到了大大的提高。公元前8世纪后半期，提格拉特帕列沙尔三世和萨尔贡二世当政时，对军队进行改革，规定了各兵种之间的比例，同时也规定了1辆战车和10名骑兵相当于200名步兵。

亚述战车也是木质结构，车门位于战车的后部，方便武士上下车，一般为双轮战车，位于车体的后部，有利于加快行进速度，但增加了驾马的负担。车轮一般由6根或者8根辐条支撑，轮缘由3个不同大小的木质车圈套在一起。挽轭架在驾马的肩上，用皮带固定在颈圈上。车厢上放置箭筒，还配备有短剑和长矛。为了保持战车的灵活性，战车兵一般身着比较轻便的衣甲来减轻重量。阿树尔那吉尔帕宫殿的浮雕以及提格拉特帕列沙尔三世的战车图展现了亚述战车的外形特征，包括独辀、大轮、高舆，车载武士2人，但是每辆车的驾马数量似乎并不固定。

亚述的常备军由主力部队和辅助部队构成。步兵、骑兵和战车兵组成主力部队；工兵和辎重兵组成辅助部队。其中战车兵主要由高官显贵子弟组成，是最富有特权的兵种。亚述的战车兵作战时非常英勇，屡立战功，令敌人闻风丧胆。辎重兵主要使用驮畜和

亚述战车

大车来承担繁重的给养运输任务，也可以算作是车兵的一种。所谓兵马未动粮草先行，亚述人出征，必有辎重车伴随。

亚述军队注重战斗兵团内部各个兵种的合理配置，战车兵、骑兵、步兵、辎重兵等多个兵种全面发展，以便在战争中充分发挥各兵种的功能和作用。战车兵在亚述是最受尊重的兵种，国王出征总是乘着战车并在战车上作战。伴随国王的高官显贵也乘战车作战，而下级官员或平民只能充任骑兵和步兵。

亚述战车威力无比，史书记载的亚述战争，充分展示了亚述战车兵的风采。公元前10世纪末，亚述是西亚的军事强国，但到了公元前8世纪，亚述国力衰退，多次战败，直到公元前744年，提格拉特帕拉沙尔三世即位，进行了政治、军事改革，建立常备军，亚述国力逐渐恢复，再度兴起对外侵略战争。公元前743年，亚述进行了大规模的西征，横渡幼发拉底河，向叙利亚北部发起进攻，阿尔帕德被围，经过三年的征战，阿尔帕德于公元前740年陷落。公元前733年，提格拉特帕拉沙尔三世亲自率领拥有5000辆战车的大军进攻大马士革。亚述步兵、骑兵、战车兵在工兵的协助下，迅速渡过弗尔发尔河，直抵大马士革城下。亚述的一个战斗兵团的组成是在最前面配置5辆战车，15名骑兵紧跟，随后是25名重装步兵，最后是50名轻装步兵。战斗开始后，双方的战车和骑兵互相冲击，大马士革军战败，退守大马士革城。公元前732年，提格拉特帕拉沙尔三世命令工兵制造破城锤，利用破城锤撞击城墙，一处塔楼和城墙崩塌，亚述士兵攻入城内。经持续一周的巷战，大马士革军队被全歼，大马士革王国灭亡。

为亚历山大帝国奠基的波斯战车

位于东亚文明和欧洲文明之间的波斯帝国初期并没有战车，主要的机动兵力是骑兵。就在中国人和罗马人不约而同地都发明了马拉战车时，波斯人也发明了另外一种战车——大象战车。远在2000多年前，古代波斯人就已驯化大象，让它们来代替人类承担笨重的力气活，如推运木料和石头等。随着战争的频繁发生，波斯人开始把大象用到战场上，让它们冲锋陷阵、攻城夺寨。

后来，在小居鲁士与其兄长争夺王位的战场上，波斯人发明了著名的“滚刀战车”。滚刀战车由4匹

波斯滚刀战车

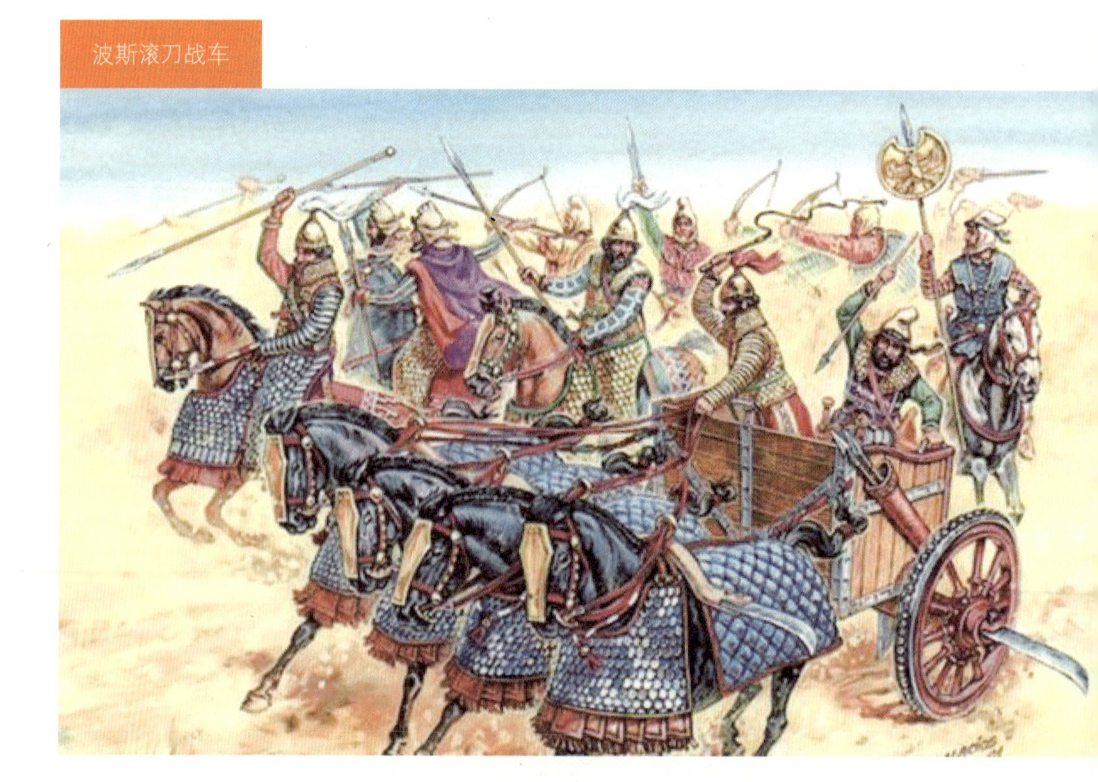

骏马牵引，每辆战车乘载武士两名，一名驭手驾驶马车，一人负责战斗，配备长约3米的矛、弓箭以及数支标枪。波斯战车由于车身笨重，速度并不快，但冲击力惊人。战车的车辕向前突出数米，顶部装有锋利的冲角，用于突破敌人的盾牌防线；轮轴两头还各装有1米长的三棱镰刀，能够扫杀近旁的敌兵。在与希腊军队的作战中，高速转动的利刃无坚不摧，是对付希腊密集方阵的利器。挽具方面，波斯战车采用肩套式挽具。但在战争中，滚刀战车经常出现控制不住，往自己阵内冲撞的情况，在温泉关战役和马戈内西亚会战中都出现过这样的情况。滚刀战车容易失控主要原因是驾辕方式的落后，不仅影响载重，而且更影响驭手对车辆的控制。另外，滚刀战车的两车之间需要留有比一般战车两车之间更大的间隙，战车间也就更难配合，稍有疏忽，就可能出现失控的局面。波斯战车曾经东征西讨，立下了不朽功勋，书写了战车史上的传奇，但是，拥有滚刀战车的波斯军队却在亚历山大的军队面前遭到了惨败。

公元前336年，在东南欧的马其顿，受军队拥戴的亚历山大登上王位，着手实行政治、军事改革。在军事方面，创立了马其顿常备军，由步兵、骑兵和海军构成。最为出名的马其顿方阵，就是由步兵组成的密集、纵深的作战队形，每个方阵配有重装骑兵，作为方阵的前锋和护翼，方阵的中间是重装步兵，两侧为轻装步兵。通过这些改革，马其顿迅速成为军事强国。亚历山大在平定国内叛乱和希腊起义之后，便开始远征东方。

公元前331年春，亚历山大率军队从埃及返回亚洲，经腓尼基向波斯腹地推进，想要与波斯主力进行决战。10月初，在底格里斯河东岸的高加米拉以西与波斯军队主力对阵。此时亚历山大的联军仅有步兵4万，骑兵7000人，而波斯王大流士三世集结了来自24个部族的约20万军队，号称百万，其中有滚刀战车200辆，战象15只，骑兵45000人。波斯阵线前沿部署的左右两个突击集团均以滚刀战车为攻击箭头，后面配备2000铁甲骑兵。波斯的作战构想是首先使用冲击力强劲的波斯战车冲击对方的密集方阵，以此来破开敌方由盾牌和长矛组成的坚硬外壳，随后让铁甲骑兵从缺口处高速突入，向方阵内部脆弱部位发起猛烈攻击，最后摧毁马其顿方阵。为了使战场适合战车驰骋，大流士特地在决战的前一天晚上命令士兵平整战场。战争开始后，波斯的战车突击集团开始向马其顿密集方阵发起冲击。波斯战车车轮滚滚，疾驰而来，然而令大流士没有想到的是，马其顿方阵前的游击步兵灵巧地躲过了波斯战车的正面冲击，跟在其侧面奔跑，通过分工协作，密切配合，有的使用盾牌抵挡波斯战车兵的长矛，有的用标枪攻击缺乏铠甲防护的驾马肋部和车夫，使得大多数的波斯战车还没有冲到密集方阵就失去了作战能力。针对侥幸剩余的波斯战车，马其顿步兵方阵让出一条条通道，最终这些战车全部被马其顿后卫部队缴获。而与此同时，亚历山大的精锐骑兵也利用波斯战车突击的缺口，迅速插入敌阵。大流士面对敌方骑兵发动的突击临阵脱逃，导致波斯军队全面溃败。亚历山大联军乘胜攻下了巴比伦、苏萨和波斯利斯，以及米底古都埃克巴坦那，摧毁了大流士政权。公元前330年春，亚历山大率兵北上追击大流士，最终大流士被其部将谋杀，古波斯帝国及阿契美尼德王朝灭亡。马其顿军队征服了波斯的全部领土，建立了一个横跨欧、亚、非三洲的亚历山大帝国。

外国战场也用车阵

与中国魏晋南北朝同时期的罗马帝国依然是一个主要的军事强国，但已经衰败不堪。罗马人的抛石机等大型投射兵器却越来越广泛地运用于战场并展示出了巨大的杀伤力和威慑力。例如，在攻守城作战中，炮车仍是重要的攻击和防御兵器，能非常有效地对付对方的步兵和机械。

早在公元前 331 年亚历山大大帝与波斯皇帝大流士的高加米拉会战后，传统意义上的战车便再未出现在大规模作战中，但战车及其他作战车辆并未完全从战场上消失，日耳曼“蛮族”就曾在战争中大规模运用。日耳曼“蛮族”作战车辆中最具代表性的是哥特人的运货马车。这种马车体形巨大，在大规模迁移时主要用于运输，在作战时主要用于机动。行军时，车流如同活动的堡垒，宿营时，哥特人则将这种马车围成一圈，组成一个有效的壁垒防范突发情况。这种马车构成的堡垒既可当作在危险环境中的防御堡垒，同时也可以用作进攻和掠夺前的准备基地。

罗马帝国晚期，国力日渐衰落，原本居住在罗马境外的日耳曼等民族，由于发展水平较低，纷纷武装迁入罗马境内，而其中的哥特人更是多次与罗马军队作战。外族的迁入促进了罗马帝国的解体。公元 364 年，罗马帝国一分为二。罗马帝国境内的哥特人因不满罗马的残暴统治，也不断进行反抗。公元 378 年，哥特人因罗马官吏的欺辱，再次起兵反抗，当时

亚德里亚堡战争

东罗马皇帝法伦斯正在叙利亚指挥对波斯作战，听到消息后立即回兵镇压。在色雷斯的亚德里亚堡地区，与哥特人展开了激战。哥特人拥有强大的骑兵队伍和战车部队，使用的兵器主要有铁制的盾、长矛和战斧等。在与罗马军团对垒的过程中，哥特人采用灵活机动的战术，不断阻击和奇袭罗马军队。为了抵御罗马军团的冲击，他们将无数车辆结成一个圆阵——“车城”，并且经常从这种“车城”中突然冲出，袭击罗马军队，再迅速撤回。这种战法与中国同一时期的车阵战法极其相似，在与罗马军队的作战中也取得了奇效。即使罗马军队使用阴谋诡计，骑兵也未能突破“车城”组成的哥特人防线。随后，哥特骑兵发起反击，一举击溃了罗马骑兵。接着，车城中的步兵投入战场，将罗马军队包围，双方展开了激烈肉搏，战场上尸横遍野。最后，罗马军队彻底溃败，皇帝法伦斯和占总数的三分之二的罗马军队均战死。这是自坎尼战役以来罗马最惨重的失败。

达·芬奇设计的“坦克”

坦克的诞生是一个漫长的过程，历史上的各种技术创新，都在不断推动它的发展，旨在创造出一种具有革命性的先进技术。文艺复兴时期的工程师贝特霍尔德·霍尔茨舒尔提议用他发明的移动堡垒来抵挡火

达·芬奇设计的“坦克”

力。为了保护对敌开炮的火炮，他建议在火炮的轮子上安装一个由厚木板制成的“碉堡”。15世纪80年代，一名工程师写信给米兰公爵卢多维科·斯福尔扎说：“我可以制造具有战斗力的有盖装甲系统，能够通过火炮，突破敌军防线和部队编队，步兵跟随其后，也能够毫发无损，畅通无阻的继续前进。”这封信的作者是列奥纳多·达·芬奇。他在信中总结了较为完整的概念，并提供了使用“坦克”的正确方法。

达·芬奇构想的“坦克”，采用倾斜式侧面设计，这样能使来袭的炮弹发生偏转，从而难以穿透车体。这套装甲系统能够有效保护炮手、驾驶员以及负责驱动系统的士兵，顶部设有一个360° 环绕观察的炮塔，可以保证观察员尽览车体周围的环境。此外，“坦克”还配备多门火炮，没有射击盲点和不必要的旋转运动。达·芬奇的“坦克”构想，的确大胆超前，但他从来没有真正投入研发，他的设计除了两张草图，再无进展。

第一次世界大战中的坦克

世界第一辆坦克——“小游民”

1914 年，第一次世界大战爆发，由于机枪、火炮的大量投入使用，战争很快由运动战转入阵地战，新型的以工事堑壕、铁丝网组成的立体堡垒群战斗取代了传统的步兵野战模式。

1917 年的西线战场某地，堑壕纵横交错。虽然地面上已经被炸得弹痕累累，但即使这种强度的火力仍然难以撼动堑壕阵地的防御。重机枪是当时最强的杀人武器，没有之一。

基于战争的现实，协约国集团迫切需要一种能够机动，又拥有防御力和进攻力的武器来打破僵局，在这样的背景下，一种名为“坦克”的武器应运而生。

1914 年 9 月，一战西线战场陷入胶着状态。协约国军队发起的马恩河会战不仅击退了法国的德军，也粉碎了德军速战速决的计划，西线战事步入堑壕对峙时期。交战双方的军事专家均相信这只是“短暂的对峙”，但也有一些专家表达了不同意见，这就包括以“作风强硬”而著称的工程专家斯温顿上校。“如果想打破僵局，我们必须有一辆装甲车，能够带着士兵翻越沟壕、踏过铁丝网，随时压制和摧毁敌人的火力。”斯温顿上校言辞坚毅。

伴随西线战事的持续深入，战场路况也越来越差，协约国军急需一种新的交通工具。英军发现农用机械（霍尔特拖拉机）中独特的履带设计让这种车辆在泥泞的道路中依然能够产生巨大的牵引力，进而创造了履带式火炮牵引车，在战场中展现出惊人的战斗力。

英国炮兵在战场上感受到了使用履带式牵引车的便利，斯温顿欣喜地认为可以广泛使用这种车辆，随即对好友汉基上校提出了这一看法。汉基同时也是英国国防委员会的高官，他不仅支持斯温顿的想法，还将这个提议以报告的形式转交给赫伯特·亨利·阿斯奎斯（首相）、丘吉尔（海军大臣）、基钦纳爵士（陆军大臣）。汉基在该报告中描绘了一种由履带行动装置驱动的全新作战车辆：它的内部“体积庞大、可在装甲战斗室中藏匿组员”，外部“使用马克沁机枪、具有防弹作用，可通过各类障碍”。对基汉的这一看法，丘吉尔积极回应，并在1915年的《致首相》信中表示：“以英国目前的工业能力，制造该作战车并不算困难。一旦这种车辆投入战场，可以在夜间突击德军战壕，以其自身重量压倒铁丝网，再利用履带装置越过堑壕，通过强大的机枪火力压制敌军。该车辆在突破敌军首个堑壕后可短暂停顿，待步兵清理周边区域之后，再冲击其后的堑壕。”

1915年2月17日，英军在霍尔特拖拉机的基础上开展了首次改造试验，但此次试验尚未安装钢板，只在车辆上挂满相同重量的沙包进行模拟。在试验场上，该车辆表现较为出色，顺利通过了铁丝网及堑壕障碍。

丘吉尔在试验结束后，决定全面推动新装甲车作战项目。同年2月20日，丘吉尔召开会议，同意组建“海军部陆上战舰委员会”。2月22日，该委员会召开首次会议，将作战确定为“陆上战舰”的主要作

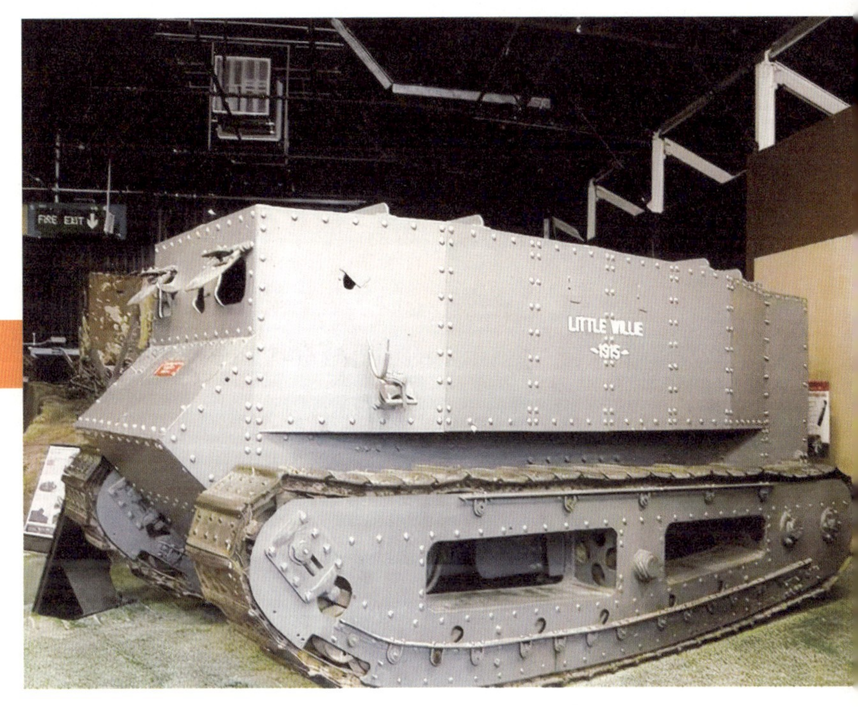

"小游民"坦克

用。自此，坦克迎来了正式的发展之路。

英国发明家克罗普顿带领研究团队承担设计"陆上战舰"的工作。为了保护车辆内部人员，以及穿越堑壕和铁丝网，他设计在车辆两侧安装鼓状炮塔，在炮塔里安装3英寸火炮，并把车辆高度进行降低。

1915年秋天，装甲车团队完成了两套设计方案，根据行动装置的不同将其分别命名为"1号机械"和"蜈蚣"。对比"蜈蚣"而言，制造"1号机械"样车的进度更快，在完成"1号机械"样车的制作之后将该装备命名为"小游民"。其后历经越野测试，该车辆表现较为良好，就此成为世界上首辆坦克。

坦克“母亲”——“蜈蚣”

1915年12月，与“小游民”同步设计和研发的“蜈蚣”样车也基本完成。在首次顺利通过了跨越障碍等适应环境和战争性测试后，委员会将此次试验的结果以致信汇报给丘吉尔，在行文中首次将基钦纳口中的“机械玩具”车辆称为“坦克”。

在福斯特厂区中，“蜈蚣”首次发动，1月13日，该车辆驶入到达伯顿公园，在该公园中“蜈蚣”越过了模拟真实战场的障碍物及堑壕，获得了“母亲”的称号，该名称更有象征意义，并且比较亲和。后来测试场改到了萨利斯伯利勋爵私人庄园内，在获得庄园主人的认可和同意之后，工兵在庄园中设置了德式

“蜈蚣”坦克

以及英式的战场障碍，“母亲”顺利通过了各种地形障碍。

“母亲”受到各方肯定后，直接影响了其后英国坦克的外貌和结构。其外形和“小游民”的外观有一定的区别，并非方正箱形，为菱形结构，两端包裹着0.52米的履带，每边的履带均是由90个履带板组成。“母亲”的高2.5米，长9.5米，宽4米，驾驶舱的材料是镍钢板，该钢板的厚度10毫米，车正面钢板厚度12毫米，底部以及顶部厚度6毫米，后部以及车体厚度8毫米。在车体中安装了6缸动力的戴姆勒水冷汽油机，在车体前安装了两个105升容量的油箱。

在车厢两端分别安装了一个内置6磅速射炮的炮塔，炮塔处设计了对后方通过铰接连接的舱门，在炮塔对外伸出的火炮可实现90°的水平射界。每端的炮塔均为可拆卸类型的炮塔，方便拖车运动，降低坦克整车运输时的难度，所有的炮塔的重量均是1778千克，在战场装卸或安装的时间是8小时。“母亲”使用的火炮是英国皇家海军于1919年制作的改良版57毫米哈乞开斯速射炮，可实现6858米的最大射程，身管倍径为40倍，炮口最初速度设计为554米/秒，并辅助安装了4挺09/13型哈乞开斯8毫米轻机枪。炮组成员共4人，每一侧均由1名装填手、1名炮长负责，驾驶员位于车长右端，车体后还安排了2名操作手，综上“母亲”共有8名车组成员。

该车型对比“小游民”而言，在车辆的稳定性、车辆结构方面表现更好，由此委员会决定将研究的重点转移到“蜈蚣”上面，进而叫停了“小游民”项目。

坦克鼻祖——Mark Ⅰ

英国研发的 Mark Ⅰ型坦克，是 1916 年英国制造的新式武器，被称为“坦克鼻祖”，是世界上第一种正式参与战争的坦克。Mark I 型坦克在 1916 年 8 月开始服役，并于 1916 年 9 月 15 日首次应用在索姆河战役中。它的主要作用是破坏战场上的铁丝网、越过战壕、抵御小型武器的射击。

英国乔治五世在 1916 年成功视察“母亲”4 天之后的 2 月 12 日，英国国防委员会组建了坦克供应委员会，专门承担坦克的采购列装以及量产工作，当天共发出一百辆坦克订单。量产的坦克为稍微改动的“母亲”，这是国际上首个正式的坦克型号，也就是 Mark Ⅰ型。

Mark Ⅰ型坦克的重量为 28 吨，共可乘坐 8 人，装甲厚度设计为 6 毫米，外形表现为菱形，刚性悬挂，车两端的履带上设计了突出的炮座，两条履带从顶上绕过车体，车后有一对转向轮伸出。该坦克不仅可以越过战场的战壕，破坏布置的铁丝网，还可以抵抗小型武器的攻击。

Mark Ⅰ型坦克有雌雄的划分，但为何会区别坦克的雌雄呢？在最初设计坦克的时期，坦克并没有优越的性能，不是每一个坦克都设计了主炮。雌雄的不同为：“雄性坦克”的武器涵盖了 4 挺机枪、两门轻炮，但雌性坦克在火力方面相对较弱，只配备了 6 挺机枪。为区别不同的火力型号，英国人就对坦克采用了雄、雌的代号。在该时期的战场中，“雌性坦

Mark Ⅰ型坦克

克”“雄性坦克”均被看作另类作战武器，德军在战场中将该武器称为“水柜”，英语是“tank”，“坦克”是其音译。除了“雌性坦克”“雄性坦克”，其后在战场上还产生了少数中性坦克，这种中性坦克就是在雌性坦克中安装了轻型火炮，其火力位于雌性和雄性坦克之间，由此称为“中性坦克”。

这个时期，由于Mark Ⅰ型过于庞大的体积，难以存放，只能够将其放置在露天环境中，出于战争发展需要，英国为遮人耳目，让德国间谍人以为这一机器是提供饮水用的，由此将其称为“水柜”。且在表面使用白粉笔书写了“小心放置，彼得堡收”，当时德国间谍发现了该机器，但是以为该机器为水柜，并没有予以关注。

Mark Ⅰ雄性坦克

Mark Ⅰ型坦克内部的操作环境特别恶劣，乘员室内尚未设计隔间，武器和引擎等位于同一空间内，车内部引擎散发着汽油、机油的味道，开火之后，硝烟味直接影响空气质量，而且车厢温度超过了 50℃。在如此恶劣极端的环境中很容易发生车辆中乘员晕倒的现象。由于车内特别嘈杂，后方、前方的乘员只能通过敲打引擎壳获得关注，并通过手势交流和沟通。由于没有无线电通信，车内携带了两个信鸽和司令部进行联系。

Mark I 型坦克的菱形构型的特点是战车底盘与上部车身结合为一体，成为一个高大的菱形，加上低重心及特长履带，就如把整个战车车体变成了一个大车轮，令车体可以滚过一切的铁丝网与大小壕沟。Mark I 型坦克的操控十分困难，转弯是依靠控制左右两边履带的速度。坦克乘员共有 8 人，指挥官与驾驶员纵列并坐于坦克前部，指挥官与驾驶员都负责操控坦克，坦克后部还有 2 人要分别站着操作左右各一个的 2 段变速传动箱，也就是说操控一辆 Mark I 型坦克需要 4 个人。其余 4 个人就是 2 名炮手以及 2 名装填手，装填手还要兼当机枪手。

1916 年 8 月，英国共生产出 49 辆 Mark I 型坦克，这还是在丘吉尔的支持下私自挪用海军专款建造的。首次参战的 18 辆坦克却使 1916 年 9 月 15 日的战斗被永远地载入世界战争史册。1916 年 9 月 15 日清晨，十几个黑色的钢铁怪物出现在战场上，怪物在泥泞的弹坑间如履平地般驶过，压倒了曾经阻挡过无数步兵的铁丝网，越过了堑壕，将德军的工事碾压得支离破碎。它们用机枪和火炮猛烈射击，打得德军尸横遍野。德军士兵在这突如其来的钢铁怪物面前，纷纷扔下枪支，四散奔逃，第一款真正在战争中发挥出巨大威力的坦克从此载入史册。

Mark Ⅰ雌性坦克

Mark 家族的重型坦克系列

Mark Ⅰ型坦克在战场小试牛刀大获成功后，坦克的作用受到了军事家们前所未有的高度重视，并由此开启了Mark坦克家族的系列研发更新之路，Mark Ⅱ、Ⅲ、Ⅳ、Ⅴ、Ⅵ等重型坦克相继问世，越来越优秀的性能表现，赢得了将士们的喜爱。

1. Mark Ⅱ型坦克

在Mark Ⅰ型坦克的基础上进行了改进，得到了Mark Ⅱ型坦克。该型号并非是大量生产的作战型号，只是比前一型号而言进行了少量改进，如对顶部舱门进行了重新设计，逐渐加宽履带宽度，逐步提高通行能力等，原计划将其使用在训练方面，但因为1917年初并没有成功设计出Mark Ⅳ型坦克，导致Mark Ⅱ型坦克被迫被使用在法国战场上。

2. Mark Ⅲ型坦克

Mark Ⅲ型和Mark Ⅱ型相同，为一种训练型号，生产总量为50辆，为其后研发的Mark Ⅳ型起到了技术准备的作用。

3. Mark Ⅳ型坦克

Mark Ⅳ型是在Mark Ⅰ型坦克的基础上研发的，和Mark Ⅰ型坦克相同，均是按照不同武器配置而划分为雌性、雄性。整体来看，Mark Ⅳ型坦克相较于Mark Ⅰ型坦克并没有较大的更改，但在工程机械的诸多细节方面，还是有不少改进的。

设计者当时已经认识到，Mark Ⅳ型坦克有着较大的缺陷和弱点，尤其是传动装置、变速装置和戴姆

Mark Ⅳ型坦克

勒汽油机可靠性不够，但为满足前线需求，急忙下线的 Mark Ⅳ型坦克尚未进行整改。

4. Mark Ⅴ型坦克

坦克供应委员会在 1917 年 10 月分析考察了不同的动力装置，最终选择在 Mark Ⅳ型坦克底盘方面进行改进，添加了全新的变速装置，搭配设置了 110 千瓦的汽油机，最终研发了 Mark Ⅴ型坦克。Mark Ⅴ型坦克也划分为雌性和雄性，雄性坦克重量为 29.4 吨，搭载了火炮，雌性坦克的重量为 28.4 吨。该坦克的最大行驶里程、最高速度等性能均比之前的型号有一定的提高。

1917 年 12 月，Mark Ⅴ型坦克在大都会工厂投入

Mark Ⅴ型坦克

生产，1918 年 5 月被转交给部队。Mark Ⅴ型坦克除了拥有减少人力占用、发动机更强的优势之外，还有其他优势：更佳的冷却体系，车顶设计的观察塔提供了良好的视野。

5. Mark Ⅵ型坦克

因为其车体和 Mark Ⅳ型比较类似，在面对宽度更大的堑壕时，其行动也会受到制约。于是后来设计了增加 4 吨自重的改进型号，也就是 Mark Ⅵ型。车体的重量的增加使坦克的机动性以及驾驶性能有所下降，但可搭载 25 名士兵，获得了更多士兵的欢迎。

6. Mark Ⅶ型坦克

直到 Mark Ⅶ型，英国坦克的设计都是大体沿着 Mark Ⅰ型的最初思路，而另外一种完全不同的新设计就是吸取了早期设计和作战教训的Mark Ⅷ型坦克。它的武器和车体源自美国，在法国进行组装，美国工厂生产其发动机和传动装置，因此人们把其称作联军坦克、自由坦克、英美坦克、国际坦克。

Mark Ⅷ型坦克的外观是在英国菱形坦克的基础上改进产生的，长10.43米，对比Mark Ⅴ型提高了2米，对比Mark Ⅴ型其宽度略微窄，对比Mark Ⅴ型的高度也更大，可跨越4.57米的壕沟。Mark Ⅷ型坦克和Mark Ⅴ型的装甲厚度一样，车体的增大使车内的面积得以增加，极大地增加了坦克内部乘员的舒适性，其搭载了7挺机枪以及2门6磅炮。

按照最初的设想，这种坦克计划在法国和美国各生产1500辆，在英国生产1450辆，总数量为4450辆。但随后该计划被中途叫停而未能全部完成，造成在法国工厂里留下一批已经完工的车体而不知该如何处理。美国在1919年前后生产的该型坦克直到20世纪30年代初都一直被美军使用，之后又移交给加拿大陆军用于训练，继续发挥余热。

7. Mark Ⅸ型、Ⅹ型坦克

在一战中，英国比较成熟坦克的型号为Mark Ⅸ型、Mark Ⅹ型。

前者是在Mark Ⅴ型坦克基础上研发的补给型的坦克，重量设计为27.4吨，并且可以搭载10吨物资或者是50名士兵。后者是换代的Mark Ⅴ型坦克，但在设计层面缺乏可靠性以及机动性，原计划英军试图制造两千辆并将其用于进攻德国，但未能如愿。

Mark 家族的中型坦克系列

Mark Ⅰ～Mark Ⅹ型坦克为重型坦克的范畴，但重型坦克在移动通行及操作中具有不太方便等特点，难以适应在战场中瞬息万变的地形和战争需求。因此，在重型坦克还未证明自己的价值之前，英国便积极探索设计制造灵活、轻便的中型坦克，以辅助骑兵作战，其主要代表有 Mark A 与 B 两种车型。在战术方面，重型坦克主要承担突破正面的敌军防守的任务，中型坦克则更多地在后续纵深突击中发挥主力作用。

1. Mark A 型——“小赛犬”

1917 年 2 月，第一辆原型车通过了军方相应的测试，命名为 Mark A 中型坦克，且定名为“小赛犬”，同年 6 月，军方下达 200 份订单，福斯特工厂在 10 月实现了 Mark A 中型坦克的量产，军方便将订单数量提高为 385 辆，不过在认识到其动力装置有“昂贵而复杂”的缺点后，又将数量恢复到此前的 200 辆。

“小赛犬”和重型坦克有不同的设计思路，不再有履带过顶的菱形外观，车体在上行动装置在下，在车体后部安装了一个战斗室，综合来说有一定的坦克雏形。搭载的 3～4 名成员集中在后战斗室，该战斗室就是一个大炮塔，原先是可以旋转的，其后为实现生产工序的简化，更改为固定模式，并配备哈乞开斯机枪。坦克的重量是 14.2 吨，在车体前安装直列发动机。“小赛犬”拥有 2.13 米的越壕能力，有 0.76 米的越障能力，相比于重型坦克这一数据比较差，这是差强人意的地方。

2. Mark B 型——“小赛犬”

“小赛犬”后研发的型号为 Mark B 型，与重型的 Mark X 型相同，均是为了在 1919 年应对德国大攻击而设计的，其可以在辅助骑兵的作战中使用。

Mark B 中型坦克的发动机被设计在车后，并首次设计了单独的发动机舱，因而被认为是在英国坦克中稳定性和可靠性最高的型号。Mark B 中型坦克的车体和 Mark A 型有一定的区别，与重型坦克的外观

“小赛犬”坦克

非常类似，在前部设计了战斗室里可搭载 4 名成员，在车的每一端均设计了斜板，可清除在履带中的泥浆。相对 Mark A 型而言，Mark B 型的行动能力更强，重量达到 18.2 吨，最高速度 9.8 千米 / 小时，可算是中型坦克中的重型车辆。

Mark B 型涵盖了两个子车型，雄性中有战斗室，可以实现旋转，其内有 1 门 2 磅炮；雌性搭配了 4 挺机枪，但当时并没有进行生产。1917 年就设计出了 Mark B 型坦克，一直到 1918 年军方下发订单，确定由军工厂生产 450 辆坦克。延缓下发订单的重要原因是军队对在战场中 Mark A 的通过能力特别不满，进而对 Mark B 型也不信任。由于生产速度太慢，到一战结束只有 45 辆 Mark B 型出厂。

3. Mark C 型——“黄蜂”

在 Mark B 型完成设计的时期，科学家特里同在设计中实现了换代设计，升级为 Mark C 型，被称为“黄蜂”。“黄蜂”是在一战中表现最佳的一种中型坦克，与 Mark B 型有类似的布局，并设计了雄性和雌性的坦克，雌性安装了 4 挺机枪，雄性安装了 1 门 6 磅炮。1918 年，军方对原车型予以测试，对测试结果高度认可，并在很短的时间中确定了 200 辆的订单，并表示军方的长期目标是将装备 2000 辆雄性和 4000 辆雌性，但是直到一战结束，出厂的 Mark C 型仅为 48 辆。

4. Mark D 型

英国在一战中设计研发的坦克终点站为 Mark D 型坦克，是建立在 Mark A 型基础上的，并对传动装置和发动机进行了更改。该坦克注重高机动性，发动机功率为 176.4 千瓦，可实现 300 千米以上的行驶里程。但 Mark D 型错过了参战时间，一直到 1919 年 5 月生产了首个原型车，最终只生产 2 辆 Mark D 型坦克。

从 Mark A 到 D 的更新迭代，坦克的发展依然是处于前期摸索阶段，在一次次升级中，英军不仅开发出了更灵巧的坦克以配合骑兵的进攻，而且研制出了专门用来突破敌军防线的重型坦克，均将之投放战场。在 1917 年末的坎布莱之战中，坦克发挥了非常重要的作用，但在帕斯尚尔之战中，坦克的表现却又糟糕透顶。在此阶段整体来看，这种武器虽然无法打出制胜的一击，却还是能发挥出特别的优势和作用，只是由于当时技术没有十分成熟，无法实现规模化生产，一战中的轻型坦克，也在探索和实践中完成了艰难的初始化进程。

首次大规模实战坦克——Mark Ⅳ

Mark Ⅳ型坦克是英国在一战中研究最成功、应用最广泛的坦克之一，是吸纳了 Mark Ⅱ、Ⅲ型的优势进行改良和演变的，外形为经典的菱形，有人戏称其笨重如牛，但其是世界上首款产量超千的坦克，并在康布雷等战役中留下赫赫战功。

Mark Ⅳ型坦克汇集了此前全部坦克的技术优势，且有诸多实用的创新。其配备了内部通信系统，是该时期特殊的存在；在其身上第一次安装了消音器，可用来降低发动机噪声；在车辆中安装了风扇和散热器，可用于降低发动机温度；设计了安全门。对于乘员而言，改进逃生和通风设施是个特别实用的设计。

Mark Ⅳ型坦克炮塔方面也有较大改动。在雌性 Mark Ⅳ型坦克中，其机枪炮塔从中一分为二，通过铰接方式固定中缝，该优势为当坦克处于火车运输时，炮塔可向车体内收拢，进而降低车身宽度。雄

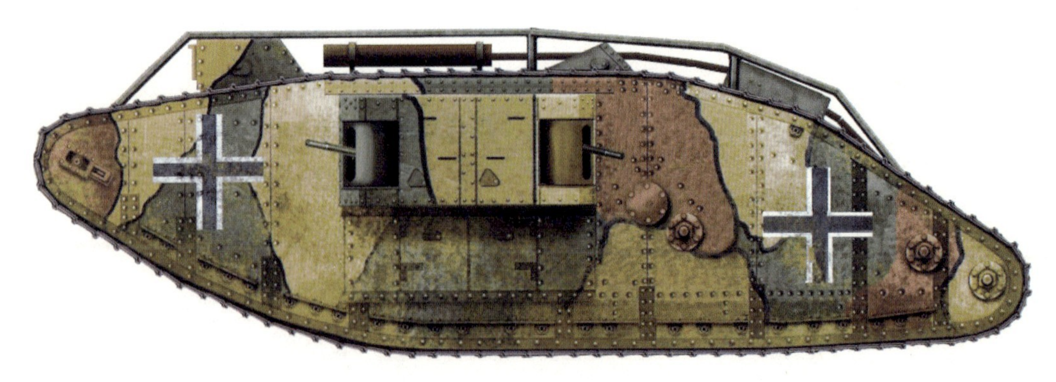

德军缴获的 Mark Ⅳ型坦克

性炮塔有更流线的设计，使用了较短身管的6磅速射炮，尽管缩短了身管长度，比Mark Ⅰ型坦克速射炮短了119厘米，但并没有明显地影响炮击的真实效果，新炮最高为6675米射程，比旧款射程减少了200米。也可在车内收拢，进而减少了坦克在树林和建筑中刮擦炮身的次数，也可以在坦克行经起伏路面时减少炮口触地的情况发生。

实战证明，Mark Ⅰ型坦克在战场中配置的前置油箱特别危险，并且受制于周边结构产生的影响，坦克也难以进行加油作业。之后Mark Ⅳ型坦克的油箱转移到了车后，容量提高到了318升，理论上Mark Ⅰ型坦克可行驶56千米的距离。

Mark Ⅳ型坦克在实现技术升级之后，于1917年2月开始制造，军方希望获得1015辆Mark Ⅳ型和205辆基于同一底盘改造的补给坦克，在这1015辆坦克中，按照雌性、雄性坦克3:2的比例进行生产。军方的这一需求远远高于大都会、福斯特两座工厂的产能，两个工厂均尽最大可能地提高产能，依旧无法按期交工。历经协调，军方增加了四个生产坦克的工厂，其为考文垂兵工厂、阿姆斯特朗-惠特沃思工厂、赫斯特·纳尔逊工厂、迈尔利斯·沃臣工厂。进而在各方的共同努力下，到1918年5月完成了Mark Ⅳ型的所有生产任务。

1917年6月，Mark Ⅳ型坦克正式开始服役，并在康布雷战役中发挥了较大的作用，英军在11月20日正式组建了Mark Ⅳ型坦克部队，快速碾压了德军在阵地前设置的铁丝网，直接打通了到达德军阵地的路线。三辆英国坦克组成一组，形成一个三角形，相互掩护跨越堑壕。虽然德国人把他们的堑壕挖得十分宽大，使得 Mark Ⅳ型坦克难以越过，但是这些坦克携带的柴束却可以用来铺平堑壕，将其当作临时通过坦克的通道。英军的这种攻击模式，让德军官兵很难应对，英军得以快速地突破德军的战线。虽然德国部队和英国部队进行激烈拼杀，但在不足 6 小时的时间内，战线就被英国抢夺，英军的战线向前推进了 6.4 千米，在此前的战争中很少出现此类现象。

不难看出，英国使用的钢铁洪流获得了巨大的成功，而规模化坦克战在这场战役中充分彰显了其作用和价值。

法兰西坦克开山之作——“施奈德”CA1

在第一次世界大战时期，英国在坦克的发展历程中有诸多的成就，可以说英国是坦克世界的创始人，但法国的坦克研究也是极为出色的，尤其是相比于德国、英国的坦克产量，法国生产的坦克数量比其总和还要多。

梳理历史，倘若不是由于高层缺乏先见之明，在很早前法国就应抢占了装甲战车发明的先机。1903年，法国陆军第6炮兵营创造了一个新装备：1辆载着1门75毫米野战炮和3名车组成员的移动炮车。炮兵们将这一炮车称为“自行式火炮”，且将这个发明递交给战争部，在几天之后，炮兵营就收到了“一无是处”的回应，使得这一创意停滞不前，在此后许多年里再也无人问津。

在第一次世界大战中，法国军队遇到了堑壕战，传统作战模式举步维艰。由此法国人的观念产生了很大的改变，希望在步兵难以向前推进的战场中，有一种可以突破铁丝网、机枪等火力的装备出现。

1915年，法国军官艾斯丁尼看到农用履带拖拉机改装的火炮牵引机，就产生了让它扮演更富于进攻性角色的念头。他向法军总司令霞飞将军连续呈递了三封信件，中心内容只有一个，就是论述“配有火炮、可在敌火控制区域通行的战斗车辆”的可行性及装备需求。霞飞将军派出了雅宁上校和艾斯丁尼会面，两者不但探讨了这种战斗车辆的可行性，并且交流了运用这种战斗车辆的战术，并将其称为“陆地巡洋舰”，

"施奈德"CA1 坦克

霞飞将军后来明确表示，如果艾斯丁尼可以找到制造该类型车辆的企业，可全面支持该项目的发展。

艾斯丁尼奔赴巴黎寻找合作对象，他首先去了雷诺公司，但遭到了婉言谢绝，其后到达施奈德企业，欧根·布里列尔（首席工程师）和艾斯丁尼的想法高度吻合，7 天后敲定了制作的细节，随后正式开始制作这种战斗车辆。

1916 年 1 月 5 日，搭配了两挺机枪、一门火炮的样车正式亮相，并成功地在官兵面前穿越了几道障碍。之后，艾斯丁尼又用这辆样车为法国总统雷蒙·庞加莱做了一次展示，总统特别满意。

在霞飞将军的说服之后，法国战争部批量购买这种战斗车辆，在军方制定的采购合同内，该战斗车辆称为"艾斯丁尼拖拉机"，随后被命名为"施奈德"CA1。

从结构上来看，"施奈德"的底盘上安装了 1 个金属箱，这个箱体的前部为近似船首的锥形，在底板还设计了舱门。箱体有一个金属切割机器，可以轻松破坏铁丝网。但因为其有较长的箱体，造成其鼻部和尾部都悬于底盘之外，容易在起伏不定的道路上行驶时被卡住，所以该战斗车辆缺乏越壕能力，很难跨过崎岖不平的地面。车体前部为战斗室，空间高度只有0.9米，成员只可以半躺，难以移动。在车体后部设计了1个51千瓦的汽油机，其功率在很多情况下并不够用，并且在启动环节需要坦克内成员大力地转动手柄以提供助力。车体两端安装有容量为160升的油箱，可使用6～8小时，按照7～8千米的正常时速予以计算，加满油之后的“施奈德”坦克可在道路上前行50千米。

“施奈德”配备的武器为75毫米9.5倍径的短身管低速火炮，该炮安装在车体前部右侧，俯仰角设计为30°～-10°，与此同时还可以对右侧旋转60°，可实现600米的最大射程，但其有效射程一般不超过200米。辅助武器为安装在车体后部的2挺8毫米哈乞开斯机枪，可对后射击。另外还配备了90发炮弹，机枪子弹容量为3840发。共由6人操纵坦克，驾驶员由车长兼任，还有一个人对发动机负责，并搭配了2位机枪手和2位炮手。

“施奈德”于1917年4月16日正式亮相于马恩河战役，但是该坦克表现并不出色，不通风的设计导致乘员特别痛苦，不合理的油箱设计和装甲过于薄弱直接威胁到了士兵的安全，成为士兵的“铁皮棺材”，不久后，“施奈德”坦克遭遇淘汰，但其作为法国坦克的开山之作意义久远。

长着羚羊腿的大象——“圣沙蒙”突击坦克

“圣沙蒙”的战场定位以及外观，与现在的自行火炮比较类似。研发于20世纪初，生产部门称为“汽车技术服务部”，但却掌控了为法军提供战斗车辆的权利，这让莫蕾特将军特别恼火，但他并没有直接指责总司令的判断和决定，并且要求“汽车技术服务部”在职权内研发比官方需求更强大的坦克，该坦克就是“圣沙蒙”突击坦克。“圣沙蒙”从1915年4月开始服役，并取得了一定战果，直至第一次世界大战结束。

“圣沙蒙”外形宛如不规范的长方体，但在身躯下配备了一双小脚，看起来比例极不协调。“圣沙蒙”坦克底盘选用美国霍尔特拖拉机底盘，坦克长度为8.83米，底盘占据该车长度的67%，导致坦克底盘前后均对外伸出一部分。每侧底盘均安装了8个小直径的负重轮，设计了3个或2个连锁悬挂的连接装置，诱导轮位于前面，主动轮位于后面。行动装置使用履带板，接地的长度为3.01米，宽度为50厘米，且在履带板中设有横爬齿，因此其缺乏优良的防横滑的能力，而且比较容易直接破坏地面。这就意味着倘若在战场中坦克遭遇很宽的防坦克壕，就很容易被卡住。在后期实战中，只要陷入1.5～2米的防坦克壕中，该坦克就会无法动弹。在第一次参战中，由于没有越野性能，15辆“圣沙蒙”难以跨越沟壕，直接丧失作战能力。

除越野能力不强外，“圣沙蒙”的机动能力表现也差强人意。一方面是车身重达 23 吨，但搭配的引擎过小，导致没有较高的单位功率，行驶的最高时速 12 千米，与步兵跑步速度差不多，燃油最高可提供 59 千米的续航；另一方面是车前设计为大型前悬式的 V 型结构前舱，由于加装了电传动装置和武器，使得车体前后都要伸出到履带之外，由此该坦克表现为头重脚轻，被称为“长着羚羊腿的大象”。至今“圣沙蒙”是坦克发展史中比例最不协调的坦克。

动力层面，“圣沙蒙”的动力体系采用潘哈德企业研发的水冷 4 缸汽油机，这个汽油机安装在车身中部，最大可实现 66.1 千瓦的功率，由于当时的电机普遍比较庞大，有较高的造价，所以在第一次世界大战时普遍处于试验时期。法国“圣沙蒙”能够实现量产，也可以说比较成功了。

武器层面，“圣沙蒙”主武器是 1897 型的 75 毫

“圣沙蒙”坦克

米主炮，火炮的长径比为36，是世界上首次采用液压气动式驻退复进机的火炮，极限情况中可实现30发/分钟的超高射速，在火力压制方面为该时期的顶尖存在，即使是在第二次世界大战阶段其战斗力也比较高。由于只有正面可以放置主武器，因此在车体中，主炮穿过战车向前延伸，前左方设计了观察孔，可对周边情况予以观察，但也导致其很可能被攻击。

“圣沙蒙”尽管有较强的火力，但在战场上却并没有发挥应有的实力。1917年5月5日，法军“圣沙蒙”在拉福克斯磨坊地区首次投入战斗，尽管其火力对德军具有很大的杀伤力，但在突破德国防御阵地时，绝大多数坦克都陷入德军设计的首道堑壕中。由于该时期的车体结构强度不佳，导致车体容易变形，侧门易被卡死，使得坦克演变为活靶子，造成坦克和乘员的伤亡十分惨重。另外，战车前部的主炮很容易钻入地面，因此，在野战环境下速度比较慢，基本上达不到12千米的时速，缓慢的机动能力让其在战场上无法发挥其强大的火力，难以适应瞬息万变的残酷战场。

直到1918年10月，战场逐渐转移到空旷地上，“圣沙蒙”才开始在战场上大展风采。量产的“圣沙蒙”尽管并非是当下界定的陆军坦克，也有着笨重、缓慢、动力不足、火力不猛的缺点，但是在20世纪初期仍然发挥了不可磨灭的作用。

可以说，“圣沙蒙”是至今仍在使用的各种自行火炮的鼻祖，直到第一次世界大战结束时，当时生产的400辆该型战车中仍有72辆在服役。

唯一参加过两次世界大战的坦克——法国“雷诺”FT-17

法国是继英国之后第二个生产坦克的国家，先后研制了“施奈德”CAI 型坦克、“圣沙蒙”突击坦克、“雷诺”FT-17 轻型坦克和 FCM-2C 重型坦克，其中“雷诺”FT-17 在两次世界大战中，均以其独特的性能在战场上发挥突出作用。

“雷诺”FT-17 第一批坦克于 1917 年 9 月诞生，1918 年 3 月开始装备法军，到一战结束时，一共生产了 3187 辆。第一次参加战斗是在 1918 年 5 月 31 日的雷斯森林防御战。在苏联国内战争期间，白匪军和外国干涉军也使用了“雷诺”FT-17 坦克。在第一次世界大战以后，它还参加了法国殖民军 1925—1926 年镇压摩洛哥部落起义的战斗以及 1936—1939 年的西班牙国内战争。

直到第二次世界大战中，在 1940 年德军入侵法国时，法军还有 1560 辆“雷诺”FT-17 坦克。这些坦克大部分被德军缴获，被用作固定火力点或用于警卫勤务，直至 1944 年德军被逐出法国全境为止。“雷诺”FT-17 轻型坦克从 1918 年服役到 1944 年，长达 26 年，参加了两次世界大战，将作为一代著名战车而载入世界坦克发展史。

“雷诺”FT-17 轻型坦克是世界上第一种装有可 360° 旋转炮塔的坦克，而且动力舱后置、车体前设驾驶席，如今的现代坦克也都沿用了这一设计。

“雷诺”FT-17 轻型坦克的诞生源于艾斯丁尼提出

的轻型坦克的设计方案。1916年，艾斯丁尼与雷诺汽车公司展开合作，该时期的雷诺汽车公司也拥有制作法军诸多的火炮履带牵引车，以及制造重型履带装备的经验。在雷诺汽车公司全员的努力下，于1917年9月，研发了首批坦克，也就是“雷诺”FT-17轻型坦克。

该时期，雷诺汽车公司难以满足军方3500辆车的需要数量，进而联合法国其他制造商，如德劳内、贝利埃、贝尔维尔、索玛等共同参与组装FT-17坦克，而这种坦克的零部件的分包商更多，还包括一些英国企业。

“雷诺”FT-17轻型坦克宽1.74米，长5米，高2.14米，战斗总重7吨。“雷诺”FT-17轻型坦克只可以承载2个车组成员，分别为车长和驾驶员，车长需要承担武器操作的责任，所以车长的半个身子都在炮塔里。驾驶员前面设计了观察窗，便于对外部情况予以观察，并在车后设计了逃生门，在坦克被毁坏时，成员可以通过逃生门迅速逃生。

“雷诺”FT-17轻型坦克有特别厚实的装甲，最厚的正面是22毫米，可以抵抗该时期大部分的机枪射击以及单兵武器，即使遭遇反坦克步枪依旧可抵挡。但由于总重量的制约，最薄弱的地方只有6毫米。发动机使用了直立式水冷汽油4缸发动机，该类型的发动机的功率仅为25.7千瓦。由于输出的功率较低，因此坦克只有7.7千米的时速，但出于掩护步兵战斗的考量，速度过高也缺乏必要性。在第一次世界大战中，“雷诺”FT-17轻型坦克表现出了卓越的越野能力，

“雷诺”FT-17 坦克

可以确保坦克突破沟壕。

“雷诺”FT-17 坦克最让人惊奇的是为其设计的旋转炮塔。该炮塔普遍使用铆接结构，在第一次世界大战中可被大规模生产，内部成员可利用手柄旋转炮塔。配备的武器中装备了 SA-18 坦克炮，其攻击性以及机动性均好于其他“铁罐头”，在坦克对战中有极强的优势。

第一次世界大战期间，“雷诺”FT-17 轻型坦克的良好表现让更多希望发展坦克的国家想要购买它，或想直接购买该坦克的生产技术。当时中国对坦克这种“钢铁雄狮”知之甚少，直至它问世数年之后的 1922

年才由北洋政府的奉系军阀张作霖开创了中国装甲兵的先河。张作霖为同直系军阀进行最后的决战，从英法等国购买了大量的军备，包括36辆“雷诺”FT-17轻型坦克。然而最为可惜的是，1931年日军占领东北后，这些坦克大部分被日军俘获。

“雷诺”FT-17是一款具有里程碑意义的轻型坦克，凭借其先进的结构设计和优良的技术性能，装备过法国、苏联、美国、德国、中国、日本、芬兰、瑞士、瑞典、土耳其、西班牙、罗马尼亚、波兰、荷兰等十几个国家，对后世的坦克发展有着深远及革命性的影响。因此，“雷诺”FT-17被誉为现代坦克的鼻祖而载入世界坦克发展的史册。

第一次世界大战期间的坦克由于技术不够成熟，其火力性、机动性、防护性、可靠性、舒适性均差强人意。坦克的出现并没有对第一次世界大战的进程产生多大影响，但却改变了人类陆地战争的形态。时至今日，陆军作战依然以坦克为核心。步坦协同的战斗力已非传统步兵可比拟。坦克的出现，也让装甲部队的诞生成为可能，标志着陆军机械化新时代的来临！

德意志铁甲先驱——A7V 坦克

在第一次世界大战中，英国设计制造了一种新式武器——坦克，并很快投入索姆河战役。英国坦克的出现给德军造成了极大的震撼，德军在坦克机枪和火炮的猛烈射击下尸横遍野、溃不成军。为了对付英军坦克的威胁，德国人在研制口径 13 毫米的 T 型反坦克步枪的同时，加紧研制自己的坦克，最终决定委托第 7 交通处制定坦克的设计方案，并由此定名为 A7V 坦克。A7V 是德语“第 7 交通处”的缩写。A7V 是德国坦克的开山之作，也是德军坦克梦的开始。

1917 年 1 月，A7V 由德国科学家约瑟夫·沃尔默完成初步的设计。出于战争层面的需求，采用了已有的拖拉机“霍尔特”底盘，由此来较快地推动设计研制工作，并于同年完成样车并开展试验。其后，德国要求快速制造 A7V。虽然样车有诸多的问题，但依旧在当年 10 月研发和制造了首辆 A7V。

德国军方本计划生产 100 辆坦克，但出于缺少钢铁以及当时的生产能力有限，直到 1918 年 9 月，也仅完成了 22 辆坦克生产任务，并且包括了试验车、样车及改进车。值得庆幸的是，首批坦克就有 17 辆冲上战场，余下的被制成 A7V-R 型输送车。A7V 为特别经典的箱式坦克，壳体方正，就像移动的堡垒。

动力层面，A7V 使用了 2 台直列 4 缸“戴姆勒”水冷汽油发动机，每台发动机功率为 73.5 千瓦，总计为 147 千瓦。最高时速 10 千米，最大行程 70 千米。

德国 A7V 坦克

A7V 的车体为铆接结构，采用普通钢板，侧甲板厚度 15 毫米，前甲板厚度 30 毫米，底甲板厚度 6 毫米。A7V 的武器为低速火炮，炮弹有 180 发的基数（其后提高为 300 发），最高可实现 6400 米的射程。A7V 拥有较强的火力及优良的防护性能，在实战中曾被英国 Mark Ⅳ型坦克连击 3 发炮弹而依旧可以继续战斗。

A7V 是乘员承载最多的坦克，可承载 18 人，在坦克中除了有驾驶员、车长、装填手、炮手之外，还有 12 个机枪手和 2 个机械师。

A7V 坦克最主要的缺陷是过于高大笨重，缺乏良好的可靠性，无法在不平的公路上行驶较长距离。地面和车底的间距为 200 毫米，相比于其他坦克较低，经常会产生车辆挂底的情况，并且由于车辆过重，发动机难以承受而频繁发生故障。虽然 A7V 频繁出现问题，但与一战中的其他坦克相比，其外形与现代坦克更加接近。

作为世界上的第一批坦克，A7V 也和 Mark 系列坦克一样，车内状况十分不佳，机械噪声和战斗时的外部噪声使得成员根本无法在车内进行交流，所以工程师设计了简单的射击指示灯，仅有“注意”与“射击”两个指令，车长下达指令之后，炮手 / 射击手自行决定射击目标。

A7V 坦克数量有限，并未在一战中发挥较大作用，并且由于德国战败的缘故，战后幸存的 A7V 大都被销毁，仅有 506 号“墨菲斯托菲里斯”被独具慧眼的澳大利亚回收并保存在布里斯班的昆士兰博物馆，成为“奇货可居”的历史文物。

世界上最大的坦克——法兰西 FCM-2C

在第一次世界大战中，当“施奈德”和“圣沙蒙”坦克出现在战场上时，堑壕的加宽使之无力突破敌人防线。在“雷诺”FT-17 应运而生后，其良好的机动性能克服较大障碍，但又因其装甲和火力的不足使其在敌炮兵面前非常脆弱。于是，埃斯蒂安将军认为法军必须装备一种重型坦克，装甲坚实并装备大威力火炮，以此来配合和补充“雷诺”FT-17 坦克。

FCM-2C 坦克

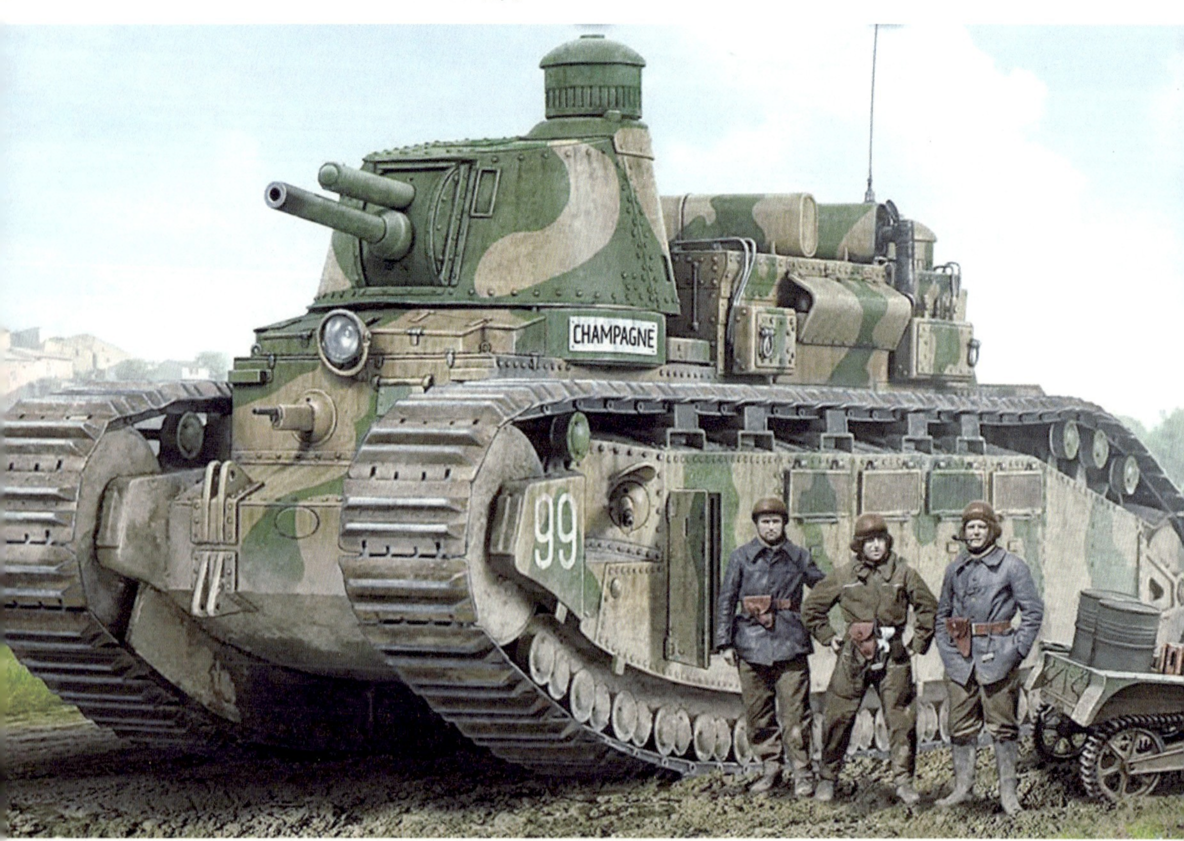

不过这个建议并没引起太大注意，直到1916年9月15日，英国人在索姆河会战中使用了马克Ⅰ型坦克。1918年初，贝当接替尼维尔成为法军总司令，他与埃斯蒂安将军意见一致，并非常赞同法军装备重型坦克。

1916年10月，位于滨海塞纳的地中海冶金和造船厂开始研制重型坦克，设计一款比英国坦克速度更快、火力更强、越壕能力更好的坦克。1917年1月，第一辆原型车重40吨，装1门105毫米炮，提交给装备部长阿尔贝·托马。尽管法军总司令尼维尔将军持保留意见，该方案还是由FCM制造了3辆原型车。1917年12月，原型车FCM-1A提交给一个以埃斯蒂安将军为首的委员会，委员会要求以75毫米炮代替105毫米炮，加强装甲，并能够越过4.5米宽的堑壕。在经历了前身FCM-1A后，直到1921年才生产出第一台FCM-2C坦克，重达70吨。

需要指出的是，FCM-2C重型坦克是唯一一型量产并在部队中服役的超重型坦克，在1944年的“虎王”出现之前，它是世界范围内最重的坦克。也许是由造船厂承制的原因，FCM-2C重型坦克的外观看起来就像一条法国战列舰开到了陆地上。带有一战特色的过顶式履带和车体上背负的两座炮塔，加上车体中部喷出浓烟的高大的“舰桥”，使得FCM-2C拥有了一种特殊的机械狂野之美。

埃斯蒂安将军将FCM-2C重型坦克称为“移动炮兵”，该型号的坦克可以直接突破战场中的障碍，直接跨越沟壕、压过铁丝网，进而为步兵拓展线路，通过炮火直接压制敌军。埃斯蒂安将军的战术为：首先投入坦克，并非直接炮击，在装甲部队通过之后，再使用炮击。

FCM-2C 重型坦克高 3.8 米，长 10.27 米。其装甲可防范在一战中的全部武器的攻击。炮塔前部钢板厚度 35 毫米，后部的钢板厚度 22 毫米。在炮塔前部安装了 1 门 75mm 火炮及 1 挺机枪。另外，还在车体侧面增设了 3 挺机枪，火力十分强大。

1918 年 1 月 19 日，法军决定购买 500 辆 FCM-2C，至同年的 9 月 18 日，这一数值降低为 300 辆，1918 年 11 月 11 日正式停战之后，直接取消了 300 辆坦克的订单，最终在 1921 年仅交付了 10 辆装配线上的 FCM-2C。

和平的到来导致埃斯蒂安将军想要使用重型坦克装备的想法消失了。在当时法军中，FCM-2C 是仅存的重型坦克，德国在 1936 年正式建立了“齐格菲”防线，使这种类型坦克的重要性又凸显出来，因为它能够对坚固的防线进行突破。

1940 年 5 月 10 日，德国发动西线进攻时，FCM-2C 仍然在运输车上，并隐藏在贡德勒库尔东北的巴东维莱的树林里，等待新的命令。6 月 14 日中午，第三集团军命令夺取讷沙托，车队重新上路，由于该地区铁路的严重混乱，15 日黎明才到达目的地。运送第 51 坦克营的两列火车在一个弯道处被一支着火燃烧的车队所阻，因为不可能就地卸下坦克应战，福尔内指挥官决定破坏坦克，并使人员逃脱被俘的命运。晚上 7 点，这些法国最后的重型坦克被浇上汽油，安好炸药。德国第10装甲团的士兵们惊讶地发现，只有第99号FCM-2C因为没有能够正常点火起爆而得以保留下来。福尔内指挥官和他的部下向南进发，几经周折，终于在卡尔莫附近的塔恩找到了大部队。7月，第51坦克营被取消编制，由此，为世界上最大的坦克画上了历史句号。

一战中的坦克幻想曲

一战中的坦克，在人们的幻想、希望、摸索和实战中成长。特别是20世纪30年代初期，坦克的样子千奇百怪，形态各异，有的在战场上盛极一时，有的还未下生产线却快速退出了历史舞台，在一战坦克研发中，不但法国、英国、德国积极参与，奥地利和美国等其他国家也在不断尝试。

1. 奥地利：布尔斯丁坦克

在维也纳的奥地利军事博物馆里，陈列着一件被称作“布尔斯丁坦克”的奇怪作战车辆的模型，这代表了奥地利在坦克这一领域昙花一现的追求。当年提出这一创想的是于1879年出生的奥地利陆军军官

布尔斯丁坦克

犹如超大三轮车的“沙皇”坦克

冈瑟·布尔斯丁。

1911 年 10 月，布尔斯丁把自己动手制作的“摩托化火炮”按比例缩小的模型上呈战争部，但并没有得到战争部的支持。

2. 俄国：“沙皇”坦克

在俄国，出现过一种号称“沙皇”坦克的装备。这一拥有吓人名号的作战车辆由以尼古拉·利贝登科为首的团队设计，也称“利贝登科”坦克。

按照利贝登科的计算，设计超大的前轮可以让其跨越各种各样的障碍，但是按照车辆重量进行测算，

菲亚特轻型坦克

其很有可能会在松软的地面行进时后轮下陷，前轮的能动力却不足以将其从泥土中拉出。

在一战中，除了法国、英国、德国，真正把本国的坦克设计开发到了样车阶段的只有意大利和美国。

3. 意大利：菲亚特轻型坦克

一战快结束的时期，意大利的菲亚特企业制定了重型 2000 1917 型坦克方案，该设计方案和德国 A7A 的移动堡垒的设计有异曲同工之妙。

结合设计方面而言，菲亚特 2000 有一定的优势，不过一战期间意大利军队并没有坦克的战术需求，而且就算这种庞大厚重的东西进入正式量产，意大利工业的产能也很难负担。对意军来说，他们更需要的是小巧灵便的雷诺 FT-17，意大利原本也打算从法国直接引进生产许可权，不过后来通过对其略加改进的方式成了“国产”的菲亚特3000 1921型轻型坦克，它最大改进是比法国原版要跑得快一些。不过车如其名，直到1921年才得以配备部队，那时一战已经结束好几年了。

4. 美国：霍尔特电气坦克

尽管欧洲国家广泛地以美国拖拉机为基础试制各式各样的装甲战斗车辆，美国陆军最开始的时候却对该事物没有兴趣，一直到1916年之后美国才产生了首个坦克方案，并且一产生就是好多种。

美国在1917年4月对德国宣战，对坦克的需求突然成为一个现实考虑，除了在为自己的远征军装备了购自英国和法国的坦克外，美国也开始启动本土设计制造坦克的计划。第一辆美国坦克是霍尔特公司的电气坦克。霍尔特公司没有投入量产，停留在了原型阶段。因为它在设计上过于笨重和低效。

霍尔特电气坦克

4

第一次世界大战后的坦克

墙内开花墙外香——“维克斯”Mk.E 坦克

在 20 世纪 20 年代中后期，英国维克斯公司生产的“维克斯”MK1 和 MK2 已经落后于时代，于是维克斯公司便准备研制出一款同时兼顾火力和机动性，且性能可靠、维修便利的车种。这款坦克研发的目的主要有两个：一个是为未来英国坦克竞标做准备；另一个则是着眼于海外市场。1928 年，第一辆“维克斯”Mk.E 坦克在工厂完成组装，最终成品包括 A 型和 B 型两种：A 型为机枪支援型，B 型为火炮支援型。

“维克斯”Mk.E 坦克全长 4.88 米，宽 2.41 米，高 2.16 米，战斗全重 7.3 吨。车身采用当时技术成熟的铆接装甲，不过装甲看起来却有些略显单薄，主要是为了保持较好的机动性而牺牲掉了一些防护能力。发动机采用了阿姆斯特朗 - 西得利公司的直立式四缸风冷汽油机，可以 35 千米的时速在平直路面上前进。值得一提的是，“维克斯”Mk.E 坦克的悬吊系统使用了台车式的平衡式悬挂方案。它的悬吊系统为双轨构造，左右各四对。每对承轨连接两个路轮，左右侧各两对路轮且装有弹簧构造，这种悬吊系统在当时是很成功的设计，而且它还采用了钢制的高强度履带板，在 3000 千米的行驶里程内都不会出现任何问题。同时该坦克分为 A 和 B 两种型号。A 型采用了双炮塔设计，装备两挺“维克斯”机枪。采用两个炮塔的优点是两个炮塔可以分别向外侧独立转动 180°，并可以独立射击。不足之处在于两个炮塔都很小，无法配

“维克斯”Mk.E B 型坦克

置大口径火炮。B 型炮塔的双人炮塔设计属于当时的创新设计，因为以往的炮塔都采用单人炮塔设计，而双人炮塔设计将弹药装填的任务交给了装填手，这样车长在索敌上可以投入更多心力，射击就可以做到即时射击。虽然车长担负的任务依然繁重，但这种新设计还是得到了肯定，在后来的新型坦克上得到了大量应用。武器上采用了 1 门“维克斯”47 毫米速射炮和共轴的 1 挺“维克斯”7.7 毫米重机枪，炮的左面还配有一架望远镜瞄准具。其中“维克斯”47 毫米速射炮是维克斯公司为这种坦克专门开发的武器，而且也仅有“维克斯”6 吨坦克装配这种武器。车内通话系统、引擎与战斗室之间的防火隔音板、提高射速的双人炮塔和同轴枪炮等，全是世界首创。

这种坦克推出后，维克斯公司曾向英国陆军推销过，但英军因手头拮据，测试一番后就没有下文了。于是，维克斯公司转而向外推销，结果是这种性能可靠、维修方便、售价“亲民”的坦克在国外大受欢迎。值得一提的是，我国也曾装备过这款坦克，在 1934 年，中国政府订购 20 辆“维克斯”6 吨坦克，当时的国民党陆军装甲兵团战车营第 1 连装备了这些坦克。1937 年 8 月淞沪会战爆发后，接到命令后的装甲兵团火速赶赴前线。此时，20 辆坦克按每排 5 辆被分配到战车营第 1 连的 4 个排中。此时的中国军队对这些“铁疙瘩”寄予厚望，因为“维克斯”6 吨坦克装备的 47 毫米炮能够对日军的坦克和装甲车造成较大威胁。8 月 19 日，战车营第 1、2 连奉命配属第 87 师突袭杨树浦，这也是抗战时期中国装甲兵的首战。战斗最初打得颇为顺利，“维克斯”坦克成功突袭到靠近黄浦江的日军阵地。但由于中国军队缺乏步坦协同训练，日军用火力隔断了步兵，孤军深入的坦克被包围在杨树浦街市里。战斗中第 1 连连长郑绍俞和第 2 连连长郭恒建牺牲，“维克斯”坦克至少有 3 辆被击毁。这次战斗失败的原因主要有两个方面：一是在 20 世纪 30 年代初生产的“维克斯”Mk.E 坦克装甲有些单薄，二是当时国民党军队对坦克的运用还处于摸索阶段，缺乏战斗经验。

总的来说，这款坦克虽然没有被英国陆军大量装备，但其创新且优秀的设计却被其他国家所欣赏，并进行购买仿制，其改进型在各国遍地开花，可以说是坦克发展史上最重要的一笔。特别是 B 型，其采用了复式炮座，这种将火炮与机枪并列安装，共用一具瞄准具的布局成为以后几乎所有坦克的模板，“维克斯”Mk.E 坦克也因此成为坦克史上“墙内开花墙外香”的典范。

轮履两用——T3 中型坦克

第一次世界大战结束后，美国希望能够装备性能优越的坦克，同时期美国的一些坦克生产厂家和设计师也都鼓足了劲，渴望能够大显身手。在这些人里面，就有一个在当时名不见经传的坦克设计师，他就是沃尔特·克里斯蒂工程师。经过不懈的努力，在1919年他设计出了属于他的第一辆坦克，但却由于没安装旋转炮塔而得到了军方的冷落。不过眼前的困难并没有令克里斯蒂感到悲观失望，他重整行装再出发，紧接着就再次投身到新坦克的研制工作中。到了1928年，他终于成功设计出了能够360°旋转炮塔的M1928坦克，后来又经过改进，最终在1931年正式定型，美国军方将它正式命名为T3中型坦克。

可能是源于克里斯蒂早年赛车手经历的灵感，T3在设计方面别具一格，车头是富有流线型的尖楔形状，同时初步具备了倾斜甲板的良好的防弹外形。T3全长5.3米，宽2.4米，高2.2米，战斗全重为10.98吨，乘员3人。但可能是为了突出坦克机动性优势，坦克的装甲最厚处仅有4.7毫米，甚至大部分的装甲车都比它厚。武器配置为一门37毫米火炮和1挺7.62毫米机枪，可谓火力十足。

T3选用了主动轮后置，并采用了4个大直径负重轮的方案。这个方案的优势在于取消了以往坦克用于转向的拖带轮，它的大直径负重轮可以直接用大型螺旋弹簧与车体相连，最后面的负重轮处于一个水平螺旋状态，这样就大大提高了负重轮的行程。同时，

T3 坦克

由于加装了螺旋弹簧，车辆行驶时对车体产生的冲击与振动也得到了缓和，乘员能够获得更舒适的乘坐体验。更令人惊奇是，T3 可以在履带或负重轮这两种系统中任选一种作为行动装置，把履带拆掉后，没了履带的负重轮还可以正常行驶，甚至跑得更快了，在路面状态较好时速度可以高达 75 千米 / 小时，这样的机动性在当时简直就是“飞奔”。

然而，性能出色的 T3 在美国混得却并不太好，主要原因是当时美军对坦克的定位模糊不清，军方内部一直在争论如何使用坦克。有的人表示坦克应当像骑兵那样进行迂回、穿插等，还有人则表示坦克应当作为移动堡垒，跟随步兵一起行动，总而言之就是没弄清楚该怎样运用坦克。更有趣的是，T3 悬挂虽然在美国没有得到军方的重视，研制出来的诸多坦克也未曾在美国进行批量生产，但却在外国（特别是苏联）大放异彩。1930年，苏联设在美国的阿姆特尔格公司与克里斯蒂签订了专利买断合同。随后，两辆拆除了炮塔和武器的使用克里斯蒂悬挂的坦克以“拖拉机”的名义偷偷运到苏联，苏联著名的BT系列坦克也就由此诞生。后来英国人侦察到了苏联的新坦克，立刻要求弄清这究竟是谁研发的。而后，一路上顺藤摸瓜查到了克里斯蒂。当克里斯蒂接到来自英国打来的跨洋电话时被吓得冷汗直冒，以为自己被英国人盯上了。没想到电话那边的英国军代表却恭恭敬敬的表示：大哥，您还有余下的不？我们也想买！最后，剩余的两台原型车最终以8000英镑的价格被英国人运回大洋彼岸的英国。但这回却并非以“拖拉机”名义，而是打着“葡萄柚”的名号。

T3尽管没有“名垂青史”，但其在问世之初就赢得了各国军方的高度赞扬，无论是克里斯蒂悬挂还是轮履两用方案，都是T3坦克取得的革命性成果。一些军事杂志甚至还将M1928改称为M1940，意指M1928和T3采用的设计领先当时的世界10年。克里斯蒂悬挂也由此被称作美国坦克工业在两次世界大战之间的唯一亮点。虽然美军并没有采纳在当时各项性能指标都处于世界领先地位的T3坦克，但这仍不妨碍T3对同时代坦克的发展产生深远影响。

钢铁洪流的起点——MS-1坦克

1926年，苏联制定了一个为期三年的发展量产型坦克的计划，其目的是为了研发出一款新型坦克，用来突破敌军两个师兵力组成的10千米防线。同年，苏联坦克局制定了轻型坦克的设计方案，预计将这种坦克和骑兵、步兵配合作战。1927年5月，圣彼得堡的“布尔什维克”工厂参考意大利“菲亚特”FIAT-3000轻型坦克顺利地制成了第一辆样车，经过多次试验和改进，1928年7月正式定型后，定名为MC-1轻型坦克，其后被正式定型为“T-18”。MC为俄文“小型伴随坦克”的缩写，用英文来拼写，即为MS-1轻型坦克。

MS-1轻型坦克的战斗全重为6吨，乘员2人（车长、驾驶员），车长3.5米，宽1.8米，高2.2米。除了车高较高以外，车长和车宽均较小，整体显得小巧玲珑。车内的布置十分紧凑，车体前部为驾驶室，中部为战斗室，后部为动力舱。车体尾部有尾撬，用于提高坦克过壕沟能力。炮塔的整体形状为六面体，车体和炮塔均采用装甲铆接结构。炮塔在正面和侧面的防护上都选用了16毫米厚的装甲，其余地方选用的装甲则是8毫米。炮塔顶部有一个瞭望塔，上部为半球形的装甲顶盖，塔的四周有观察缝，但驾驶员的舱门上仅有一个观察缝。可以看出，驾驶员对外观察的条件很是不便，所以，驾驶员喜欢在驾驶时打开车窗以获得更好的视野。武器配置为一门“格切基斯”37毫米短身管火炮和一挺6.5毫米机枪（后改为7.62毫米机枪），机枪布置在火炮的右侧。动力装置为一台直列 4 缸风冷汽油机，最大功率仅为 29 千瓦，这就导致坦克行驶的最高速度仅为 16.4 千米 / 小时，公路最大行程为 120 千米。不过由于 MS-1 轻型坦克的单位压力较低，仅为 0.37 千克力 / 平方厘米，这就使它在一般的、较薄的冰雪地行驶时，有较好的通行能力。另外，发动机还采用了两种启动方式：一种是用启动电动机进行启动，另一种则是相对落后的手摇启动。

MS-1 是苏联第一种进行量产的坦克，然而它却并没有取得多少令人瞩目的战绩。据统计，MS-1 共生产了 959 辆，当中有四辆移交给了苏联内务部队，两辆交予了苏联第四委员会，还有一辆交给了苏联军事化工委员会。剩下的则都用于组建苏军的坦克

MS-1 坦克

营、坦克团，以及1929年开始组建的混成化坦克旅。MS-1的最后命运延续到了卫国战争初，在1941年6月23日明斯克附近的一座大桥旁边，上士格沃兹德夫和列兵鲁波夫的MS-1发动机损坏了，无奈只能将它当作固定火力点使用。但他们没有放弃，而是顽强阻击了德军一个步兵连4个多小时的进攻，取得了击毁德军3辆轻型坦克、1辆半履带装甲车和数辆汽车的傲人战绩。在战争结束后，两人都被授予了苏联的红旗勋章，这也是该型坦克取得的为数不多的辉煌战绩。随着战争的不断扩大，MS-1在机动性和防护性都无法同那个时期的其他坦克相抗衡，最后一次大量使用则是在1941年末开始的莫斯科保卫战中，但那时的MS-1只能充当炮灰般的角色，逐渐退出了历史舞台。

总的来说，MS-1称得上是苏联真正意义上的第一辆坦克，也是苏联钢铁洪流的起点，开创了一段红色战车的传奇。虽然MS-1的性能并不好，但它陪伴着苏联坦克兵们度过了那段青涩岁月，也正是通过对MS-1这类早期坦克的摸索，苏军才开始逐渐了解和掌握了步坦协同、反坦克防御战等战略战术，也为后来苏联坦克的发展与创新奠定了基石。

一代神车——T-26 坦克

1928 年，苏联开始实施了首个五年计划，由于当时的苏联自身基础条件十分薄弱，基本制造不出像样的坦克，所以从外界引进技术就成了最好的选择，经过大量考察，到了 1929 年，苏联决定引进 15 辆英国维克斯公司生产的“维克斯”6 吨坦克。在一年后，这批交付的坦克被送到了当时的 232 机械厂，那里的工程师迅速对这款坦克进行了技术攻关，经过改进后，研制出了两款新型坦克——TMM-1 和 TMM-2。苏联军方紧接着便将它们和之前研发的 T-19 和 T-20 坦克一同进行性能测试，在测试中 TMM-2 凭借着优异的性能得到了苏军的认可，并正式命名为 T-26 轻型坦克。

T-26 在动力上使用了苏联根据“维克斯”6 吨坦克发动机改造的一台最高功率为 66.9 千瓦的 GAZT-26 型发动机，同时采用了动力舱在后，主动轮在前的动力布局。得益于强劲的引擎动力，坦克在平直路面的时速可以达到最高 30 千米，同时可以轻易越过 0.71 米高的障碍和 1.73 米宽度的壕沟。在底盘方面保留了“维克斯”坦克那样的平衡式弹簧悬挂，这种悬挂方案在当时被公认为性价比最高的解决方案，不仅造价不高，还同时具备了较好的驾驶稳定性和在恶劣条件下的越野能力。在外形方面，因为炮塔两个舱盖打开的样子有点呆萌，颇有些像是米老鼠的两个耳朵，所以 T-26 有了“米老鼠”的外号。

T-26 火力布置有 A、B 两个版本。A 型的为双炮塔结构，小炮塔内安装了一挺 DPM 机枪，另一座炮塔则是一门 37 毫米炮，但这种双炮塔的 T-26 产量并不多，大家比较熟知的是采用了加入避弹构型的铸造炮塔单炮塔的 B 型。B 型在坦克中轴线略微靠左的位置安装一座尺寸更大的炮塔，部分型号在炮塔正面还安装两具探照灯，看起来像大眼睛。炮塔内安装了一门 45 毫米坦克炮，以及一挺 7.62 毫米并列机枪，这门炮比同时期普遍装备的 37 毫米反坦克炮和英军的 40 毫米“乒乓”炮火力更猛。至于坦克装甲，T-26 只比“维克斯”坦克略强一点，装甲厚度仅有薄薄的 15 毫米，根本没有足够的能力抵抗步兵的火力攻击。

T-26 坦克

这种型号的T-26重10.5吨，车长4.88米、宽3.41米、高2.41米，采用3人车组，车长、驾驶员和装填手。但由于当时苏联电子工业落后，在二战前和二战初期都只有极少数指挥型T-26才装备了电台，其他的都靠信号旗保持联系。

1936年7月17日，西班牙国内两个党派之间爆发了内战。在此战中西班牙共和军装备的苏制BT系列快速坦克和T-26轻型坦克几乎成为主宰战场的王者，仅装备机枪的德制1号轻型坦克和意制的CV33超轻型坦克根本威胁不到BT快速坦克和T-26轻型坦克，而装备了45毫米坦克炮的T-26轻型坦克却可以轻而易举地击毁这两款德意坦克。虽然后来共和军的苏制BT系列快速坦克和T-26轻型坦克在缺少步兵配合的情况下，遭受了弗朗哥国民军德制Pak35/36战防炮的沉痛打击。但是T-26和BT系列坦克在此战中占据了技术上的优势是无可争议的，以至于弗朗哥政权不惜重金奖赏缴获了这两款苏制坦克的士兵。

总的来讲，T-26的设计在当时还是非常优秀的，它在装甲防护、火力覆盖方面均优于同时期对手，而且机动性表现也相当好。虽然缺乏原创性的T-26从技术上来说并不能算作是一件精密的武器，但正是这些早期坦克的不断积累，才有了强大的苏联装甲兵，才有了后来击败纳粹德国并让整个欧洲胆寒的钢铁洪流。

红色中型坦克的先行者——T-28 坦克

1931 年，在苏军的任务要求下，苏联开始着手研制一种新型的三炮塔中型坦克，该型坦克将作为突破坦克使用，用于担任突破敌坚固防御阵地的主要力量。1932 年，T-28 坦克的样车完成生产，这款样车的战斗全重为 17.3 吨，乘员为 6 人，性能指标基本符合设计要求。但在经过测试后，军方认为其装甲防护能力较差，并希望换装 76.2 毫米的大口径火炮。于是在经过改进后最终定型，并命名为 T-28 中型坦克。

投入量产的 T-28 中型坦克的战斗全重为 25.2 吨，后来的改进型甚至高达 30 吨重，乘员为 6 人，分别是车长、炮长、装填手兼无线电员、驾驶员、以及 2 名机枪手，其中前三名乘员位于炮塔内，后三名乘员则在车体前部。整车全长 7.36 米，车宽 2.78 米，车高 2.62 米。最明显的特征是有 3 个炮塔，其中主炮塔配置了 1 门 76.2 毫米的大口径短身管火炮。主炮塔的前下方有两个类似圆柱形的小机枪炮塔，里面各配置了一挺 7.62 毫米机枪。同时主炮塔可以用电来控制炮塔转动，这种电动旋转炮塔在当时是非常先进的。而且它还使用了新式双向无线电通信技术，主炮塔上缠绕着造型独特的框架天线，同时还配备了烟雾发射器。但是最具创新的设计还要当属炮身稳定系统，这在当时大大改善了在移动射击时的稳定性。动力方面采用了一台 M-17L V-12 型 372 千瓦的汽油发动机，转速可达 1400 转 / 分钟，最高道路行驶速度高达 37 千米 / 小时，在当时的同类坦克中当属佼佼者。但 T-28 中型坦克有一个突出弱点，那就是装甲太薄了，主要部位的装甲厚度仅有 15 ～ 30 毫米，虽然后期改进型中将装甲厚度增加到了 80 毫米，但却牺牲掉了坦克的机动性。

1941 年 6 月 22 日，德国中央集团军发动进攻，仅用不到 20 天时间，就几乎占领了白俄罗斯全境，包括明斯克在内的多座重要城市陷落。在苏军撤退的过程中，由机械师德米特里 · 马尔科驾驶的 T-28 中型坦克因机械故障掉队，好不容易修理好后，马尔科又遇到了与大部队失散的坦克手瓦谢契金少校，以及由他所率领的 4 名学员。于是，这 6 个人果断登上 T-28 中型坦克，组成了一个临时车组。经过商讨后众人决定悄悄返回明斯克城内，并对德军发动突然袭击。有人可能会问，一辆苏联坦克大摇大摆地开到德国人眼皮底下，难道就没人管吗？事实上，由于德军缴获了大量苏联坦克，许多车辆都会先开到后方进行整修、更改涂装，再交付德军装甲部队使用。所以，只要不做什么出格的事情，孤零零的一辆 T-28 是没有人会在意的。正是利用德军这个心理，瓦谢契金少校等人并没有遇到阻拦，堂而皇之地就开进了明斯克城内。进城之后，车内的瓦谢契金少校等人发现德军正在休整，便果断发起进攻，一时间将德军打得鬼哭狼嚎。根据德国士兵的记述：一辆苏联坦克突然向我们发起进攻，许多卡车被撞翻。尽管有人向坦克开火，但我们知道那无济于事。原本表情木讷的苏联居民顿时欢呼起来，他们以为苏军又打回来了……连打

T-28 坦克

带撞一番后，瓦谢契金少校开始指挥坦克撤退，因为德军已经缓过神来，开始寻找掩体并呼叫增援。在付出数百人伤亡的代价后，德军终于靠重炮击毁了 T-28 中型坦克，瓦谢契金少校和两名学员在战斗中牺牲，而机械师马尔科和其他人则趁乱逃跑。这次战斗也成了世界战争史中一次“神迹般的战史”，T-28 中型坦克也成功完成了一次逆袭，成为德军眼中的“城市怪物”。

总的来说，T-28 中型坦克为苏联后续坦克的研制积累了相当多的技术储备，如坦克炮、大功率发动机、稳定器等，若没有这些基础，苏联还得在坦克制造上摸索相当长的时间，T-28 中型坦克的意义还在于它是苏联第一种中型坦克，也被称为“红色中型坦克的先行者”。从世界坦克发展史来看，T-28 中型坦克开创了从轻型坦克向中型坦克过渡的新时代。

陆地巡洋舰——T-35 重型坦克

20 世纪 30 年代初，苏联军方对坦克“增加突击力”的要求十分强烈，主张研制多炮塔的重型坦克，用作突破敌坚固阵地的主要力量。为此，在 1932 年，第 174 机器制造厂的总工程师伊瓦诺夫开展了设计工作。他参考了英国研制的“独立号”多炮塔式重型坦克的设计方案，很快在 7 月份就研制出了原型车，在测试中各项性能指标表现良好。在经过后续的一些改进后，最终于 1933 年正式定型，随后进行批量生产，

参加阅兵的 T-35 重型坦克

它就是大名鼎鼎的T-35重型坦克。

T-35作为当时苏联力量的象征，5个炮塔的数量也让其问鼎了世界上炮塔最多坦克的宝座，而且火力极强，在5个炮塔上装备了1门76.2毫米火炮和2门45毫米火炮，以及5挺7.62毫米机枪，同时它的个头也非常庞大，整车全长9.72米，宽3.2米，可载员11名，即车长（兼机枪手），3名炮长，3名装填手，2名机枪手，无线电员和驾驶员。不过虽然T-35拥有庞大的体积，但却由于炮塔占去了太多的重量，导致它的防护能力并不出色。全车装甲最厚的地方也只有30毫米，最薄的地方更是仅有10毫米。因此，在后来的战斗中，T-35很容易就能被德军的反坦克炮击穿。动力方面T-35采用了1台功率高达367.7千瓦的V型12缸水冷航空汽油机，但无奈T-35有着50吨的重量，导致其最高速度也只有30千米/小时，最大行驶距离才150千米。虽然机动性表现不好，但T-35的履带设计却颇为新颖，是由经过冲压处理的原材料制成的，具有很强的抗爆破能力，而且在每个负重轮都装有刹车装置，即使履带突然断裂后也可以紧急刹车，但遗憾的是失去了原地转向功能。

不过“五头六臂”的T-35却并不是战场上的骄子，1941年夏季卫国战争开始之后，苏军的第34坦克师迅即投入作战，但此时T-35糟糕的机动性和极高的故障率成为行军途中的最大困扰，不断有T-35因抛锚而被丢弃。据后来的统计来看，苏军遗弃T-35都是因为出现机械故障或者侧翻在路外，而故障出现的地方又多是在传动系统。在卫国战争的初期，T-35

还参加了莫斯科战役，其庞大的体型倒把德军吓了一跳。但 T-35 实在是样子货，设计严重脱离战场实际，其庞大的体型、糟糕的机动性以及薄弱的装甲防护，简直成了德军的活靶子。其中苏军第八方面军的 48 辆 T-35 在战斗开始的第一个月就损失大半，剩下的不是战损就是因为出现故障而被遗弃。到了 1941 年底，T-35 已全部退出作战部队，唯一幸存的一辆被陈列于如今的俄罗斯库宾卡坦克博物馆。通过实战检验的 T-35 虽然火力强大，但实战中极差的机动性和灵活性被大量揭示出来了。例如，有位指挥员提交了这样的报告："T-35 仅能吃力地爬过约 17° 的斜坡，甚至不能穿越一个大水坑，它的装甲防护能力也很差，仅能防枪弹以及炮弹和炸弹的碎片。"

总的来说，T-35 在当时作为苏联力量的象征，其庞大的体型，5 个炮塔的火力配置令当时的世界各国惊叹，可谓是地表最强的"陆地巡洋舰"。但 T-35 的多炮塔设计实在是太过鸡肋，过度注重火力，导致机动性和防护能力都差强人意，只能称为"纸老虎"。但其 5 炮塔的传奇也在世界坦克史上创造了一个至今仍未被打破的极值纪录。

战地小精灵——CV33 超轻型坦克

在 19 世纪 20 年代的英国突然兴起了一阵发展超轻型坦克的浪潮，其中最成功的当属英国卡登 - 洛伊德公司生产的卡登 - 洛伊德 MkVI 超轻型坦克。这款坦克不仅体积小、重量轻，而且机动性非常好，最重要的是生产成本特别低，这给当时陷入经济萧条而又渴望组建装甲部队的意大利带来了希望的曙光。于是，在 1929 年，穷得叮当响的意大利陆军毅然向英国购买了四辆卡登 - 洛伊德 MkVI 超轻型坦克，同时还购买了制造许可权。之后在军方的大力协助下，菲亚特公司在当年就推出了意大利的国产版本：CV29。但是经过试验，发现其在动力和设计上存在缺陷。在历经 4 年的改进升级后，CV33 超轻型坦克诞生了。

CV33 的体积非常小。全车长仅 3.2 米，车宽为 1.4 米，车高为 1.28 米，而且整体也非常轻，在装备齐全的情况下仅有 3.2 吨，因此被人们戏称为“战地小精灵”。别看这款坦克体积很小，但麻雀虽小，五脏俱全，它的内部配置与现在的坦克基本是相差无几的，其中驾驶员坐在战斗室的右侧，车长在左侧，中间用了一个隔板隔开。

大家都知道视野是坦克作战的重要因素，在这方面，“战地小精灵”可谓是做到了极致。CV33 不仅在机舱盖上安装了一个潜望镜，而且在它左侧还有一个观察缝，甚至在战斗室后面都安装了 2 个观察窗。用现在的眼光来看，这样的设计甚至有点奇葩。但

中国军事博物馆展出的 CV33 坦克

CV33 当时在战场上可是立下过汗马功劳，哪怕是到了二战初期，这款小精灵还是意大利军队在战场上的主角。由于其小巧轻便的特点，尽管其发动机采用了 31.6 千瓦的 CV3-005 式四缸汽油发动机，但其最高时速却高达 43 千米，续航能力也可以维持在 120 千米左右。武器方面装备了 8 毫米的空冷型重机枪，防护能力上装甲最薄处为 7 毫米，正面最厚处为 14 毫米。这对于一个在 1933 年拥有上述装甲和火力的坦克来说，各项性能指标可以说是优秀，所以当时意大利一口气造了 1300 辆。与此同时，意大利还对 CV33 进行了改造升级，摇身一变成了 CV33IF 型喷火坦克，成为世界上第一种喷火坦克。

1935 年，意大利为了转移国内爆发的经济危机，随后发动了侵略埃塞俄比亚的战争，这次战斗中意大利大约出动了 700 多辆 CV33。这也是 CV33 首次投入战争，随后 CV33 在战争很快就展现出了自己的优势，凭借自己的超轻的重量和较小的体积，将自己高速的机动性和强大的越野能力展现得淋漓尽致。战争伊始，首次见到坦克的埃塞俄比亚人被吓得四处逃窜。随着战争的进行，了解了 CV33 特点的埃塞俄比亚人开始了他们的反击，他们聚众将 CV33 掀翻在地，用火烧用刀砍，摧毁了至少 18 辆。即便如此，在那个经济大萧条的年代，CV33 依旧是很多国家眼中的宝贝，其中伊拉克、奥地利、西班牙等国家都纷纷向意大利购买 CV33，就连当时的中国政府也购买了 100 辆 CV33，其中大部分装备给了国民党 200 师，蒋介石还特意去视察过这些新型装备，在随后国民党 200 师进行的几次作战中，都可以看到 CV33 忙碌的身影。现如今，在军事博物馆的陆战兵器区内，还展出着一辆解放军在上海缴获的 CV33。

总的来说，CV33 的优点很多：小型、高速、越野能力好，最重要的一点就是性价比高。以现在的眼光来看 CV33 作为侦察、步兵火力支援车辆无疑是非常出色的，但当时的意大利却用其作为主力坦克来建立自己的装甲部队，这种决策性的错误也最终导致意大利在后来战争中的失败。

德国军用“拖拉机”——1号坦克

在第一次世界大战期间，德国军方就对坦克进行了探索，并将其研制的坦克投入了实战，但却由于一战战败而被取消了发展坦克的资格。在1933年希特勒上台后，开始重整德国军备，并提出研制一款轻型坦克作为建立装甲部队的基础。为了掩饰其真正的目标，官方设计书对外公布的名称为“农业拖拉机”。最后，埃森和克虏伯工厂参照“维克斯”坦克的底盘样式研制出的原型车LK-B1，在1934年2月测试中得到了德国军械署的认可，并给予Sd.Kfz. 101的制式编号批准量产，1号坦克就这样诞生了。

作为一战后德国的第一代坦克，1号坦克A型是最早投产的车型，武器上配备了两挺7.92毫米机枪，后来一部分换装了20毫米机炮。动力系统上采用了一台44千瓦的克虏伯4缸风冷汽油机，最高时速可达37千米。整车构造上，底盘还是沿用了“维克斯”坦克的平衡式悬挂方案，唯一不同的是在第一个负重轮上采用了独立悬挂，炮塔移至车体中轴线靠右。全车长为4.02米，宽2.06米，高为1.72米，战斗全重5.4吨。因为重量较轻的缘故，1号坦克的装甲十分薄弱，最厚处也只有13毫米，而且在装甲铆接处还有许多缝隙和明显的开口，与当时坦克的标准相差甚远。而且两名乘员需要共用一间战斗舱，在舱盖完全闭合后，车长的视野极差，因此，车长大多数时候都要冒出炮塔以求更大的视野。同时炮塔还需要手动转动，并由车长负责操控炮塔上的两挺机枪。虽说德国

1 号 A 型坦克

的 1 号坦克在基础设计和做工方面表现得并不尽如人意，甚至远落后于同时期坦克，但在联络方式上却采用了无线电收发报机进行通信，这在当时是相当先进的，因为当时坦克基本上都是靠手势或旗语来进行联络。

在首次实战中，1 号坦克的表现可谓是差强人意。西班牙内战中，德国和意大利都派出了自己的“主战”坦克前去支援国民军，也就是德国的 1 号坦克和意大利的 CV-33，但与西班牙共和国军装备的苏联 T-26 坦克相比完全落于下风，然而大家不要以为 1 号坦克是可有可无的角色，在德军的闪电战攻势中，1 号坦克绝对是当之无愧的主力，如在进攻波兰的时候，1 号坦克在德国装甲部队中担任了很重要的角色，在法国战役中，凭借速度、战术的优势也有不错的发挥。同时1号坦克在二战的初期跟随德军南征北战，每次德军的战斗中几乎都能看到它的身影，同2号坦克一道被称为“闪击战的急先锋”。不仅如此，中国在1936年也引进了16辆1号坦克，在部队的编制是陆军装甲兵团第三连，曾在震惊中外的“淞沪会战”中死战日本，是当时中国为数不多的“重火力”输出。

总的来说，1号坦克作为一款以“拖拉机”名号而诞生的坦克，虽然诞生之初在性能上就远落后于同时期坦克，但在德国人的手里改进诞生了世界上第一种自行反坦克炮、第一种指挥坦克、第一种自行火炮，为德国人研制实战装甲积累了很多的经验，同时也推动了世界各国对装甲装备战术的运用。

“草原骑兵”——BT-7 坦克

在 19 世纪 20 年代末，美国克里斯蒂坦克的问世引起了苏联坦克设计人员的浓厚兴趣。于是，在经过一系列努力后，终于在 1930 年成功引进了两台克里斯蒂坦克。苏联随即便对其展开了研究，在经过多次试验论证后，最后在哈尔科夫工厂试制成功，并称为 BT-1 坦克。随后又进行多次改进，最后定型为 BT-5 坦克，但在投产后不久，苏军对这款坦克提出了很多意见，并希望厂家能够继续改进。因此，又对 BT-5 坦克进行改进，在 1934 年，全新的 BT-7 坦克就此诞生了。

BT-7 坦克于 1935 年正式定型，车长 5.66 米，车宽 2.23 米，车高 2.42 米，战斗全重为 13 吨，乘员 3 人，并沿用轮履合一式的结构形式。虽然 BT 系列坦克有这样“炫酷”的功能，但苏联坦克兵却都不愿意去用，因为他们认为安装“轮履两用结构”完全就是“画蛇添足”。每次转换行驶模式，大概都要花 30 至 40 分钟，在惨烈的战场上，成员既要冒着生命危险去拆卸履带，还要完成动力连接，这个艰难过程对车组人员来说简直就是“九死一生”。与 BT-5 相比，BT-7 在防护上使用了焊接装甲，而且还增加了装甲板倾斜角，防护力得到了有效增强。不仅如此，炮塔还进行了改进设计，武器配置则为一门 45 毫米坦克炮和两挺 7.62 毫米机枪。动力装置采用了新型的 M17-TV-12 汽油发动机，转速 1760 转 / 分钟，这款原本用于飞机使用的发动机的最大功率高达 372 千瓦，所产生的动力使得 BT-7 的最高时速可达 72 千米，而且还拥有 430 千米的最大行驶里程，机动性远远超过同时代的其他坦克。

在 1939 年的诺门罕战役中，BT-5 和 BT-7 对日军造成了巨大杀伤。日本人的铁皮坦克在这两款坦克面前完全是待宰的羔羊，火力、防护、机动三大性能全部落后，根本无法对抗苏军的钢铁洪流。哪怕到了 1941 年时，它的 45 毫米炮仍然和当时大多数德国坦克威力相当，机动性更是远超德军坦克。在苏德开战

BT−7 坦克

第二天，苏军中士格里高利·尼古拉耶维奇·尼廷就凭借BT-7的超强机动性在一次战斗中埋伏德军，并取得了击毁德军22辆坦克和1辆自行火炮的傲人战绩，成功掩护了己方部队的撤退，因此还获得了“苏联英雄”勋章。但BT-7的最大的短板还是在于装甲实在太薄了，前装甲厚度只有13毫米，在面对德国的新型号——3号和4号坦克时就表现得比较不堪了，甚至难以抵抗普通反坦克枪的打击，在1941年冬天后，能幸存下来的BT-7坦克没有几辆。不过，就是这些“身躯单薄”的BT-7，硬是撑起了那条摇摇欲坠的防线，让苏联获得喘息之机。从这点来看，BT-7坦克还是要超过T-26轻型坦克的，也成为承上启下的一代著名坦克。

总的来说，虽然BT-7在后期战争中的表现差强人意，但给T-34的设计提供了宝贵的借鉴经验，在苏联装备史中起了承上启下的作用。同时作为将克里斯蒂悬挂发扬光大的一代经典坦克，BT-7也是苏军最后一代骑兵坦克。其拥有着远超同时代坦克的机动性，被苏联士兵们形象地称为“草原骑兵”，在苏联坦克发展史中拥有不可撼动的里程碑地位。

肆虐东南亚的"急先锋"——日本95式轻型坦克

在20世纪30年代初，日本开始实验步坦协同作战，但当时的89式轻战车速度太慢了，难以跟得上机械化步兵的行进速度。因此，在1933年日本陆军技术局开始着手研发新的轻型坦克，并在之后交由三菱制作所进行制造。1934年9月，三菱制作所成功制造出了速度可达46千米/小时的试验车，达到了日本军方的预期要求。后又经过改进后，于次年正式列装部队，而刚好这一年又是日本皇纪的2595年，于是军方将其命名为95式轻型坦克。

95式轻型坦克战斗全重为7.4吨，共搭载乘员3人（车长、驾驶员、机枪手），车全长4.3米，宽2.07米，高2.28米，看起来比较小巧玲珑。95式轻型坦克最创新的设计是将一款功率为99.3千瓦的6缸风冷柴油机作为动力装置，最高公路行驶速度可达48千米/小时，并且最大行程可达250千米，这在当时同类型坦克中是比较优秀的。其实在发动机的采用上，日本军方内部还进行过一次大辩论。保守派认为，应当采用技术成熟的汽油机；创新派则认为应当大胆尝试使用柴油机。因为日本国内的资源比较匮乏，使用价格相对低廉的柴油有利于节约成本，另外柴油燃点较高，不容易引起火灾。创新派还认为，柴油机要用风冷式的，这样可以避免水冷式发动机维护保养麻烦、冬季易结冰等弊端。辩论的最后是创新派赢得了胜利，日本也由此成为世界上第一个在坦克上使用风

日本 95 式轻型坦克

冷柴油发动机的国家。

当时日本军方给 95 式轻型坦克的定位是“用于支援步兵的战车”，因此，95 式轻型坦克在武器上配置一般，采用的是一门 37 毫米的火炮，辅助武器是 2 挺“歪把子”机枪，这也跟它的“支援步兵作战”定位相匹配（以机枪压制为主）。但这种布局和人员配置，却给车长造成了很大困扰，不仅要进行指挥，还要同时进行开炮，有时甚至还要操纵炮塔后方的“歪把子”机枪。而且在装甲防护能力上更是表现得差强人意，最厚处的装甲仅 12 毫米，这种厚度的装甲甚至连重机枪的火力都无力抵抗。随着战争进入白热化，防护性能太差也成为 95 式轻型坦克的致命弱点。

在第二次世界大战时期，95 式轻型坦克在东南亚各国横行肆虐。在日军入侵菲律宾、马来西亚等国的战斗中发挥了很大的作用，一度被称为“肆虐东南亚的急先锋”。让日军最为猖狂的战果就是在 1941 年 12 月 8 日打响的马来半岛“闪击战”。日军的装甲部队在位于马来半岛北部的泰国宋卡和马来西亚的哥打巴鲁强行登陆，以 95 式轻型坦克和 97 式轻型坦克组成的混合装甲部队一路向南挺进，一直打到了新加坡，由于英军只有布伦这一类的轻型装甲车，难以对抗 95 式轻型坦克，最终以英军投降而告终。但在日本人写的战史中，却对这次马来半岛“闪击战”大肆吹捧，将其称为堪与德军闪击波兰、闪击法比卢荷相媲美的“经典闪击战”，指挥官山下奉文也由此被誉为“马来之虎”。这次战役体现出了 95 轻型式坦克的诸多优点：故障率很低、越野机动能力不错、性能稳定，特别适合在寒冷条件下作战。不过在随后的太平洋战争中，装甲薄弱的 95 式轻型坦克在面对美军 M-3 坦克时立刻就“歇了菜”，被打得毫无还手之力，给狂妄的日本人浇了一盆冷水。

总的来说，虽然 95 式轻型坦克在日本侵略者的手上对东南亚人民和中国人民造成了很大的伤害，但其在设计方面还是存在很多亮点的，如使用了世界上第一台风冷柴油机，在车辆维护保养上节省了不少精力，而且也避免了汽油机易燃、费用高的特点，给后来的坦克发展提供了很大的借鉴意义。

无力回天的巨人——B1-bis 重型坦克

1921 年，法国陆军技术部提出了设计一种“步兵支援坦克”的计划，并在当时找到了 5 家公司对这种坦克进行研制。经过了 3 年的努力，共生产出来 5 辆不同的样车，最终军方选用了雷诺公司的 SRB 作为基型车。到了 1929 年 1 月，雷诺公司制造出了 B1 型坦克的原型车，并开始进行测试。经过了 6 年的漫长测试后，终于在 1934 年正式定型为 B1 重型坦克。但 B1 在生产 35 辆后，法国当局迫于德军的扩军压力，当即要求雷诺公司对 B1 进行改进，改进后的坦克就是最终的 B1-bis 重型坦克（bis 在法语中的意思为“改进型”）。

B1-bis 重型坦克

B1-bis在装甲防护能力上相当出色，其车体前装甲厚度达到了恐怖的60毫米，并且采用了倾斜装甲技术。坦克车长6.3米，车宽为5.48米，车高为2.74米，战斗全重高达31.2吨，在当时被德军称为“法兰西钢铁巨人”。动力方面采用了雷诺公司根据航空发动机改造而成的6缸风冷汽油机，功率高达225.8千瓦。但由于坦克自身重量过重且油箱只能携带400升燃料,B1-bis只能以28千米的最高时速行驶150千米，这也导致了后来不少B1-bis在战斗中因为燃料用尽而抛锚。武器配置方面，在车体右前方装有一门75毫米榴弹炮，主炮塔采用了铸钢炮塔，里面配置了一门47毫米坦克炮，并且在车体的前方和炮塔后方各设置了一挺机枪，可谓火力十足。唯一不足的是由于车组乘员仅有4人，而且还有一位是无线电通信员，这就导致车长任务太重，既要负责指挥坦克，同时还要负责47毫米坦克炮的装填和射击，使得本来就笨重的B1-bis在行动上更加迟缓。

在法德战争中B1-bis留下了赫赫威名，其中最著名的当属“斯通尼反击战”了。1940年5月16日凌晨，法国的比洛蒂中尉指挥着一辆名叫“厄尔”的B1-bis孤身闯入当时已被德军占据的斯通尼小镇。在战斗中，这辆“厄尔”坦克简直就是德军的噩梦，它沿着街道前进过程中简直如入无人之境，一路上不断重复着瞄准、射击、再瞄准、再射击……德军坦克在其面前就像一个未长大的孩童，其装备的37毫米坦克炮和75毫米短管坦克炮根本无法对其造成致命打击。据统计，这辆“厄尔”坦克在战斗中累计被各类炮弹击中140余次，但均没有对它造成致命伤害，反而是德军被其击毁了2辆4号坦克、11辆3号坦克和2门37毫米反坦克炮。此战也使得比洛蒂中尉和他的“厄尔”号获得了“斯通尼屠夫”的绰号。在“厄尔”横扫斯通尼的次日，2辆B1-bis“寒风”和“突尼斯”又给了德军一次沉重的打击。5月17日上午，这两辆坦克一前一后，开进了朗德勒西镇。刚开始一切都很平静，但在经过了几个街道后，开在前面的“寒风”突然开始用它的两门火炮同时射击。透过“寒风”开火造成的烟雾，“突尼斯”的车长高迪特少尉终于看清楚了情况：200多辆德军坦克密密麻麻地停在了道路两旁。战斗一触即发，不过很快就成了一边倒的屠杀。德军的37毫米反坦克炮弹对B1-bis来说简直毫无威胁，但B1-bis的火力却异常猛烈，德军的装甲汽车面对如此凶猛的炮火根本没有一战之力。这次战斗中，两辆B1-bis共击毁了50多辆德军坦克和装甲汽车、6门反坦克炮，自身却毫发无损，甚至还顺带解救了3名法国战俘。

总的来讲，B1-bis在20世纪30年代可以说是火力最猛、装甲防护最好的坦克。虽然B1-bis机动性相对较差，油耗量巨大，而且生产技术又过于复杂，但它依然是那个时期最优秀的坦克之一。B1-bis再英勇也无法挽救法国的命运，只能沦为“无力回天的巨人”。

失败的明星——S-35 骑兵坦克

在一战结束到二战爆发前的“间战”时期，各国装甲部队的发展都遇到了瓶颈，法国军方在历经多次研究论证后，认为一台具备极高机动性，能够装备在骑兵部队中对敌军战线实施突破的中型坦克最能满足当时的需要。根据得出的结论，法国各个武器制造厂纷纷开始研发新型的中型坦克，不过直到二战之前，只有一种骑兵坦克正式在部队服役，那便是 S-35 骑兵坦克。S-35 的设计定于 1934 年 6 月 26 日，是为骑兵所设计使用的装甲战斗车辆，是当时的法国陆军委托索玛公司设计生产的。于 1935 年 4 月 14 日完成了第一台原型车的制造，在 1936 年正式定型并装备法军骑兵部队。

S-35 的车身部分和炮塔全部是用铸钢一体锻造而成的，较之同时代其他坦克更少的机械故障就是归功于此。由于采用了一体锻造的工艺形式，它的炮塔前侧装甲最厚处能够达到 55 毫米，车身装甲厚度 40 毫米，就连最脆弱的后侧装甲厚度也有 20 毫米，抗打击能力十分不俗，这对于中型坦克而言实属不易。为提高炮塔的战斗性能，研发人员特地选用了 APX-1-CE 炮塔，因为此种炮塔在关闭后仍然具有较好的视野，比较贴合骑兵坦克冲击敌军战线的战斗特点。尽管如此，这个炮塔也是 S-35 未来最让人所非议的一点，因为它只能乘载一个人，却要承担指挥坦克、观测战场环境以及操纵主炮进行射击的三项责任，这对操纵者的个人素质要求很高。武器配置方面采用的是一门

47 毫米加农炮和一挺 7.5 毫米赖贝尔机枪，而且坦克的载弹量也极为充裕：可满载 90 枚穿甲弹和 28 枚高爆弹和多达 2000 发机枪子弹。动力装置是一台输出功率为 190 千瓦的八缸汽油发动机，最高速度 40 千米 / 小时，装配了两个容积分别为 410 升和 100 升的油箱，战斗舱和油箱被一道防火墙分隔开来。在全车系统运转起来之后发动机会从 100 升的油箱中获得燃料，410 升油箱主要用途则是储存燃料。在这两个油箱的相互配合下，如果没有出现故障且地面环境较好，S-35 能够累计驾驶约 230 千米。不仅如此，S-35

S-35 骑兵坦克

还配置了自动灭火系统，若是发生燃爆该系统就会自动释放出灭火的溴甲烷气体。

在20世纪40年代的法国战役中，S-35展现了它强大的战斗性能，但在战争中却被错误地部署使用。在原本的方案中，S-35能够靠着其极佳的机动性能和续航能力压制住敌军的炮火、消灭敌军坦克并打破敌军的战线，这种极富侵略性的方案以S-35在当时卓越的战斗性能是绝对能够做到的，这也是认为它是30年代最优秀中型坦克的原因。但事实却是这支杰出的战略机动部队在法国将领的统率下在战场上好似一盘散沙，它们中的大部分是因为在配合步兵的过程中用光了燃油后，驾驶员为求自保只能抛下坦克逃命，德军最后清扫战场的时候只需将这些坦克“捡”走就可以了。平心而论，假如S-35在当时被其他国家发明使用也许会有不同的未来，因为就算在法国战役那种一面倒的形势下该型坦克都展现出了它强大的性能优势。

总的来说，S-35作为一种功能性很明确的坦克，尽管在炮塔的选取上有一定的缺陷，整车造价成本高昂、维护保养技术难度大，但是其无与伦比的机动性能、良好的续航能力，以及相当出众的炮火压制力使它被誉为“30年代最强坦克”。但由于法军高层的错误的战略战术运用，S-35却沦为了德国人的战利品，最终也只能沦为“失败的明星”。

坦克界的“万金油”——38T 坦克

1937 年 10 月，捷克军方提出设计、制造一款新式轻型坦克用以增强陆军作战效能，最终 CKD 公司在竞标中脱颖而出。CKD 公司在 LT-24 坦克基础上，对其行动装置和动力装置进行了改进，研制出了 TNHP-S 坦克，在捷克陆军部性能评定委员会牵头的大项武器装备试验中，TNHP-S 坦克以优异的性能表现得到了捷克军方的认可。随后，捷克陆军部正式宣布将 TNHP-S 坦克命名为 LT-38 轻型坦克，并于 1938 年开始装备部队。1939 年 3 月，德国吞并捷克，LT-38 被德军接收，鉴于其性能卓越，构造简单实用，德国下令斯柯达工厂加快制造进度，并更名为 PzKpfw 38（t）坦克，简称 38T。

38T 的车身长 4.61 米，宽 2.14 米，高 2.25 米，作战时全车满载仅重 9.4 吨，车内可乘坐 4 人。主要武器为斯柯达公司生产的 37 毫米反坦克炮，此炮备弹 72 发，可发射穿甲弹和榴弹，能够轻易击穿距离 1 千米外的 32 毫米优质钢装甲，这在当时的坦克中是极其出色的。其辅助武器为两挺 7.92 毫米机枪，一挺为前机枪，另一挺为坦克炮的并列机枪。动力系统方面，38T 选用的是一台 6 缸水冷汽油机，极限功率高达 93.2 千瓦。另外使用平衡悬挂装置，弹性元件为半椭圆形片状弹簧，每侧有 4 个大直径负重轮，主动轮在前，诱导轮在后，另有 4 个托带轮。由于发动机功率的提升，再加之对行动部分做了巨大创新，38T 的机动性得到非常大的提升，最高速度可达 42 千米/小时，

38T 坦克

最大行驶里程可达 250 千米。

德国占领捷克后，38T 成为德军装甲部队装备的坦克中必不可少的重要组成。某种程度上来讲，德军获得该款坦克的潜在价值要数倍于攻占捷克本身的现实价值。在 1939 年 9 月开始的入侵波兰战役中，德军以 4 个摩托化师、4 个轻装甲师、6 个装甲师为核心突击力量，在波兰西部击碎了波兰 6 个集团军约 80 万人组成的战线。在此次闪电入侵中，德军装甲部队主力正是由 38T 组成的。他们以每天 50 ～ 60 千米的速度向波兰中心地带快速突进，此情景是人类战争史上前所未有的大规模机械化部队大进军。在这次进军中，德国装甲兵的创建者古德里安成功实践了装甲兵理论，其率领的第 19 装甲军取得了辉煌胜利，而这也是 38T 大放异彩的第一战。随着战争的进行，38T 在战斗中表现越来越优异，虽然在战争后期，大多数车辆逐渐离开战场。但这却并非是 38T 传奇故事的结束，鉴于他底盘性能卓越，改装后的变形车仍然在战场上发挥着自己的余热，其中就有“追猎者”歼击车、“蟋蟀”自行火炮这些二战中的“明星”。据统计，这些由 38T 演变得来的装备总计消灭了盟军 2 万多辆装甲车辆，38T 也由此被称为德军装甲部队的“万金油”。

总的来说，38T 的确是一款非常成功的轻型坦克，作为德军坦克的“万金油”，它几乎踏遍了欧洲的土地，从波兰到法国再到苏联，直到战争结束，他一直都是德军最优秀、应用范围最广的轻型坦克。但正义终将战胜邪恶，即使德军拥有优秀的坦克也无法挽回走向失败的下场。

第二次世界大战中的坦克

万众瞩目的雪地之王——T-34 坦克

为适应苏军作战需要，1936 年著名坦克设计师科什金被委任为柯明顿工厂总设计师，负责研制一款新型坦克，代号 A-20，在此基础上进一步发展成 A-32，最终成为 T-34 坦克。T-34 坦克于 1937 年 11 月设计完成，1939 年样车展出时引起极大反响。1940 年 1 月，T-34 驶出生产线，其中在进行长途行驶试验后两辆 T-34 给苏联领导人斯大林留下了深刻印象，遗憾的是科什金因试验途中患肺炎病逝，最终没能看到其巅峰杰作 T-34 的表现。到 1941 年德国入侵时，苏联已生产 1225 辆 T-34，并在莫斯科会战前交付军队 1853 辆。1940 年至 1945 年苏联一共生产 T-34 坦克达 53000 辆，在苏联的坦克发展史上有着极其重要的地位。

T-34 战斗全重 32 吨，长 6.75 米、宽 3 米、高 2.45 米。在防护上，整车装甲有 20 ～ 90 毫米厚。车体采用倾斜装甲设计，从正面看呈直角三角形，防弹性极佳。炮弹在击中后容易被弹开导致威力大减，使得同样厚度的装甲能有更好的防护效果，直接导致 1941 年德国现有坦克装备的任何火炮在 500 米距离外都无法穿透 T-34 坦克，就连德军在入侵波兰、法国时效果不错的 37 毫米口径反坦克炮对其也无可奈何。在机动性上，T-34 采用 12 缸 39 升 V2 大功率专用柴油机，最高公路速度 75 千米 / 小时。因为 T-34 利用燃点更高的柴油作为燃料，所以更难被炮火摧毁引发爆炸，德国反坦克手曾称 T-34 为“不着火的碉堡”。同时T-34的底盘悬挂系统采用美国工程师克里斯蒂发明的新式悬挂系统，可以实现坦克的每个车轮独立的跟随地形起伏，因而有极佳的越野能力和速度，在越野环境下也能够保持高速行进。T-34的履带将近50厘米宽，相较于德国坦克的30厘米宽履带，这些优点使得T-34具备超强的越野机动能力，是苏军装甲部队能实现大纵深攻击战术的硬件基础。后来在冰天雪地的东线战场上，T-34仍可以在雪深一米的冰原上自由行驶，因此T-34被称为“雪地之王”。相较于德国坦克，T-34还有另一个优势特点，那就是其续航能力强。可以说是充分满足了自身大纵深机动作战的理论，就算不加上附带油箱，依旧是能够跑300千米。要是加上左右后备油箱，轻轻松松500千米以上。彼时的德国3号、4号坦克续航仅在200千米左右。在火力上，76.2毫米大口径坦克炮，在500米距离上可以击穿69毫米均质钢板，在1000米距离上可以击穿61毫米钢板，而当时德国现有坦克都无法承受这样猛烈的火力。因此，该炮使T-34成为“最好的反坦克武器”。在1943年库尔斯克会战后，T-34又换上威力更大的85毫米口径火炮（型号称为T-34/85），能在1000米距离外穿透150毫米厚的坦克装甲板，火力更上一层。T-34之所以能成为苏联在二战中的主战坦克，除了性能优越外还有一个关键原因，那就是操作简单。甚至说一个从没有学习过坦克驾驶的人可以在几天内学会驾驶T-34。在斯大林格勒战役中，当德国的军队开来时，坦克修理厂的工人就可以驾驶T-34参加作战。如此操作简单、可快速生产和培训的坦克，自然深受各国喜爱。T-34 完美结合了坦克战斗力三要素：防护力、机动力和火力，再加上使用可靠、易于大批量生产，使得德军竟找不到在作战中能与之对抗的坦克。德军大量的坦克已经过时，被迫研制更加新型的坦克用来应对战斗，这就是德军的“T-34 危机”。最终德国人遵循 T-34 的设计思路，研制出自己的“豹”式中型坦克。

1941 年 6 月 22 日，德国撕毁盟约，利用“闪电战”突袭苏联，企图 6 个星期内征服苏联，然而他们

T-34 坦克

却在白俄罗斯的格罗德诺沼泽遭遇了这款贯穿战争始终的 T-34，T-34 的出现使得接下去的战争进程并未按照纳粹一厢情愿的方向发展，可以说 T-34 的出现是纳粹德国最终覆灭的一个标志性事件。T-34 在战场上被广泛使用，即使是在二战结束后，苏军仍使用至 20 世纪 50 年代才被取代。第二次世界大战后，苏联以 T-34 为基础，研发出众多型号坦克。此外，T-34 在很多国家的军队有其存在，曾多次在朝鲜、越南、中东等战场上参加战斗。而我军的机械化、装甲化的发展进程也始于 T-34，可以说 T-34 拯救了苏联，也对现代坦克的设计产生深远的影响，被称为是“现代坦克的先驱”。

一夫当关万夫莫开的巨无霸——KV-2坦克

1939年，苏联与芬兰之间爆发战争，苏军在突破芬兰军队密集布置的碉堡防线曼纳海姆防线中吃尽苦头，损失惨重。当时苏军坦克上装备的45毫米和76毫米炮根本轰不烂这些坚固的碉堡，而牵引的重炮因为机动不便和缺乏防护也很难推到一线进行火力支援，因此苏军迫切需要一种有大口径火炮、专门用来攻城拔寨的坦克。当时在列宁格勒（圣彼得堡）基洛夫厂的科京设计局正在设计一款新式的重型坦克KV-1。KV-1相比老式的T-28、T-35等重型坦克虽然大大增强了防护，但还是76.2毫米火炮，依旧难以满足摧毁碉堡的需求。于是科京设计局将一个尺寸惊人的巨型炮塔加装到KV-1坦克的底盘上。这个炮塔远远大于正常坦克的炮塔，装上了一门152毫米榴弹炮（1938式M-10榴弹炮）。即使在今天看这个口径火炮也算是坦克炮中的超级大炮。因此，用来进行阵地突破的以KV-1坦克为基础、配备152毫米榴弹炮和新式旋转炮塔的KV-2坦克产生了。该坦克于1939年12月开始研发，1940年1月末产出试验车，2月又产出2辆试验车，立刻被送往战线检验，展现出了惊人的威力。最初，坦克开发部将其命名为“装备大炮台的KV”，由于在实战中表现出色，正式被军方采用，定名为“KV-2”，被批准投入生产，1942年停产，共生产了350辆。

KV-2装备的M-10榴弹炮威力惊人，光炮弹弹头

KV-2 坦克

就重达 40 多千克，可以轻松摧毁堡垒，防护上也有厚实的装甲，其炮塔前装甲厚 110 毫米，侧面厚 75 毫米。新的更大的炮塔也被设计出来以适应这种重型炮，虽然这种方方正正的巨大炮塔毫无美感，但却为它提供了很高的防护力，确保坦克的生存。当然也会存在缺陷，KV-2 因为车体重量过大，造成机动力不足、底盘容易出现故障，车身倾斜时也因炮塔太重无法灵活旋转，榴弹炮需 2 名装填手分离式弹药装填，射击速度较慢。种种原因，导致 KV-2 产量很少，在 1942 年停产前生产了 350 辆。二战中期，“喀秋莎”火箭炮研发，开发重点被转移至自行火炮上，于是不再生产像 KV-2 这种装备重型装甲和旋转炮塔用来阵地突破的坦克。这种生产数量在产量动辄上万的苏联坦克家族算得上稀少了。但为何它那么有名呢，主要还是它在卫国战争初期的惊人实战表现。

1941 年 6 月 22 日，苏联卫国战争爆发，德军的北方集团军群第 4 坦克集群深入苏联腹地，目标是穿越波罗的海三国，直捣列宁格勒。但他们在到达爱沙尼亚的杜比萨河的时候，遭遇苏联第三机械化军的坦克反冲击，其中就有 KV-2。德军惊讶地发现，他们曾经可以轻松消灭苏联 BT 坦克、T-26 坦克的 37 毫米和 50 毫米反坦克炮，根本打不穿苏军的 KV-2。虽然因为战况紧急，苏军很多 KV-2 都没有领到穿甲弹，不过直接用混凝土爆破弹就把德军坦克轰成了碎片。一些 KV-2 甚至连弹药都没有领到，热血沸腾的苏联坦克驾驶员直接采取加速碾压的方式来消灭德军的反坦克炮阵地。战斗的高潮发生在德军第六装甲师占领的桥头堡阵地。苏军 1 辆 KV-2 直接单刀直入杀到这里，蛮横地停在了德军第六装甲师先头部队与后方的交通线上，顺带消灭了一队补给卡车，直接卡住了德军第六装甲师的整个进攻节奏。德军先是调集了 37 毫米炮进行炮轰，谁知完全无效，反而被 KV-2 消灭了反坦克炮组。后来调集 50 毫米反坦克炮，不过是一样的结果。最后德军调集了 88 毫米炮进行炮轰，但还没进入阵地就被 KV-2 发现并直接轰杀。没办法，德军调集坦克群进行冲击，不过又被打退：KV-2 厚重的装甲让他们根本无可奈何。战斗持续了一天，深夜德军派出工兵抵近 KV-2 安放炸药包，谁知引爆后只炸断了它的履带。第二天，德军再次用坦克冲击和 50 炮射击，不过结果和第一天一样。直到下午，快崩溃的德军师长想出了办法，先用几辆坦克当诱饵吸引这辆 KV-2 的注意，然后悄悄地从另一侧推上去一门 88 毫米高射炮，最后多发齐射命中了这辆 KV-2，但坦克并没有燃烧，正当德国士兵抵近查看战果的时候，坦克炮塔突然又开始旋转，慌乱的德国兵不得不跑开。最后还是靠撬开 KV-2 炮塔舱盖，投入几颗手榴弹杀死乘员，这辆 KV-2 才真正停止战斗。经检查，88 毫米炮弹最终只有 2 枚击穿 KV-2 的装甲，上面还有 50 毫米炮弹留下的 7 个很浅的凹坑，而 37 毫米炮弹却连一个坑印都没有。这辆苏军 KV-2 拦截德军第 6 步兵师整整 48 个小时，创造了奇迹。

这款巨无霸一样的 KV-2 重型坦克虽然有它的缺点，在机动性和可靠性上都有一定的问题，但它却是苏联反抗德国侵略战争中的一杆旗帜，它的出现有力地打击了德国侵略者的嚣张气焰，极大地振奋了苏联抵抗德国侵略的决心。正是因为它的顽强战斗，有力阻击德国侵略预谋，粉碎了德国 6 个月征服苏联的闪电战计划，给苏联一定的反应时间。这款并不十分完美的坦克，成为苏联军队的坚盾与利剑。它在世界反法西斯战场上书写了不会被遗忘的铁甲传奇。

战场上的猛兽——“豹”式坦克

1940 年，苏联 T-34 坦克诞生，德国现有坦克几乎没有性能与之匹敌的，这迫使德国要有针对性地研发出属于自己的“T-34 坦克”。在海因茨·古德里安的大力要求下，1941 年 11 月，德军军械署派出一个专家组来到东线战场前线对 T-34 坦克进行评估。在了解 T-34 坦克的优势后，德国奔驰公司和 MAN 公司被授命设计一款新型坦克。奔驰公司的设计几乎是 T-34 坦克的翻版，在战场上容易认错，而 MAN 公司的设计则符合德国传统战场设计思维且能直接使用莱茵公司设计的现成炮塔，最后德军采用了 MAN 公司的设计方案，取名为“豹”式中型坦克又叫“黑豹”坦克、5 号坦克。

在防护上，“豹”式坦克外形同 T-34 坦克相似，车身和炮塔都采用斜面设计。车身正面 35° 的斜角设计让其 80 毫米厚装甲所实现的防护效果相当于 150 毫米装甲，车身侧面 60° 斜角设计让其 50 毫米装甲所实现的防护效果相当于 58 毫米装甲；炮塔正面的弹盾厚度 110 毫米，炮塔侧面 65° 斜角的装甲厚度达 45 毫米。斜面装甲设计使得“豹”式坦克的防护能力优于同时设计的“虎”式坦克，实战中也证明“豹”式坦克很难被击毁。在诺曼底战役中，美军缴获一辆“豹”式坦克，为了解其性能，美军用现有陆军装备的所有火炮轮番进行轰击测试，想看看哪些武器可以制服它。测试结果着实令人大吃一惊：M-4“谢尔曼”坦克装备的 75 毫米 L/37.5 加农炮根本无法穿透其装甲；M-10 坦克装备的 76.2 毫米 L/50 加农炮在 200 米以内开火才能穿透其正面装甲；M-36 坦克装备的 90 毫米 L/50 加农炮是美军当时威力最大的反坦克火炮，从理论上讲，只要在 500 米以外就能轻松穿透其正面装甲，但在实际测试中发现必须到 300 米以内，而且在发射的 10 发炮弹中只有 5 发能够穿透。这一系列测试都彰显其装甲防护力之强。然而良好的装甲防护力并不是“豹”式坦克最突出的优势。在火力上，德国莱茵金属公司专门为“豹”式坦克设计了一款超长身管的 75 毫米 L/70 加农炮。这门炮的口径虽然不如“虎”式坦克的 88 毫米 L/56 炮，但其炮口初速竟高达 925 米 / 秒，在 1000 米以外就可以击穿 121 毫米厚的钢板，在 2000 米以外就可以击穿 88 毫米钢板，如果换成当时罕见的钨芯穿甲弹，那么在 1000 米以外就可以击穿 150 毫米的钢板，其威力和 88 毫米炮相当。库尔斯克战役中，“豹”式坦克就曾击毁 3 千米以外的一辆 T-34 坦克，创下了射击纪录。此外，“豹”式坦克的瞄准器性能也好，击中敌人更加容易，在远距离射击准确性上还强过 88 毫米炮。因此，尽管“豹”式坦克的火炮口径并不大，但却是第二次世界大战中最具威力的坦克炮之一。在机动性上，其动力系统是一台迈巴赫 12 缸的汽油发动机，功率达到 515 千瓦。和“虎”式坦克一样，“豹”式坦克采用当时世界领先的传动和悬挂系统，公路最高时速可达 50 千米，越野时速也能达到 30 千米。此外，其油耗也比“虎”式坦克少很多，加满一箱油能跑 170 千米。总而言之，“豹”式坦克无论在机动性

"豹"式坦克

还是整体战斗力都要强过有些徒有虚名的"虎"式坦克。因此，德军上下都对"豹"式坦克寄予了厚望，跟"虎"式坦克的仓促设计不同，"豹"式坦克 1942 年 5 月定型，直到同年 12 月才开始批量生产。德国工程师对其精心筹划，确保设计的每一个细节都接近完美。希特勒甚至为部队能配备“豹”式坦克几次推迟库尔斯克战役爆发时间。1943 年 7 月，在库尔斯克战役中“豹”式坦克首次参战。到 1944 年夏天，几乎所有德军装甲师都编有一个“豹”式坦克营，装备数量从 50 辆到 70 辆不等。不过由于追求完美，其制造工艺难免复杂，到 1945 年最终产量仅为 6000 辆左右。

1943 年 9 月 13 日，党卫军帝国装甲师的 7 辆“豹”式坦克被苏联大约 70 辆 T-34 坦克围堵，在 20 分钟的鏖战中，共有 28 辆 T-34 坦克被击毁，而“豹”式坦克却无一损失。在 1944 年 7 月华沙战役中，维京装甲师大战苏军第二坦克集团军，该师的一个坦克营在战斗中就击毁 107 辆苏军坦克（其中包括苏联 T-34 和美国 M-4“谢尔曼”等型号），而自己仅损失了 4 辆“豹”式坦克和 1 辆 4 号坦克。“豹”式坦克扬威的最著名的战例当属“巴克曼角落”之战。在 1944 年 7 月 27 日诺曼底战役中，隶属党卫军帝国装甲师的中士巴克曼驾驶“豹”式坦克正在追赶其大部队，途中被美军 15 辆 M-4“谢尔曼”坦克和一队卡车逼近。巴克曼将坦克停在十字路口，主动阻拦美军去路，利用地形优势和乘员配合，加上“豹”式坦克的火力，最终击毁 9 辆 M-4“谢尔曼”坦克和数辆卡车。美军无奈呼唤攻击机前来支援，这才击伤巴克曼的“豹”式坦克。最后巴克曼在空袭中全身而退，事后获得骑士铁十字勋章。这次是“豹”式坦克单次击杀装备的最好成绩，也极大地证明战斗力的非同凡响。后来美国为应对德国“豹”式坦克不得不研发

M-26 潘兴坦克，苏联也研制 IS-2 重型坦克，“豹”式坦克才有一战之敌。

“豹”式坦克将火力、装甲防护和机动性能较为完美地结合在一起，让它能在实战中做到攻守兼备，灵活机动，是二战中综合性能最出色的坦克之一，与苏联 T-34 坦克齐名。它的诞生帮助德国一定程度上延续“称霸世界的美梦”，成为扛起“帝国”脊梁的猛兽，充当侵略的爪牙，但最终也因为法西斯主义的破灭，成为坦克史上令人唏嘘的一道风景。

外强中干的“虎王”

在 1941 年 5 月德军一次军事会议上，通过一项新式重型坦克的发展计划，计划要求：设计的坦克具有能击穿敌人坦克的强大火力、敌人无法击穿的防护装甲，以及最高时速不得低于 40 千米。这次会议的召开标志着“虎王”坦克开始进入设计生产阶段。1943 年 12 月开始生产。“虎王”坦克的设计意图是想把“虎”式坦克的火炮威力与“豹”式坦克的机动性结合起来，从纸面上讲，“虎王”设计理念非常先

“虎王”坦克

进，性能接近完美，如果能按设计实现，将绝对是一款终极坦克。

在防护上，“虎王”正面50° 斜角的装甲厚度达150毫米，侧面装甲也有100毫米厚，车体和炮塔都采用轧制钢装甲板制成，车底装甲厚25～100毫米，炮塔装甲厚80～180毫米。如此厚的装甲护体使得生产出来的“虎王”也正如规划的，在二战中还没有被火炮击毁的记录。在火力上，“虎王”装备的主炮是88毫米口径的88L/71坦克炮，这是起初用来击毁飞机的火炮，在1000米的距离上可以击穿厚达215毫米的装甲，其火力在当时可谓所向无敌。然而因为防护装甲厚，“虎王”战斗全重近70吨，而其使用的动力系统却是跟“虎”式和“豹”式坦克一样的发动机，根本负担不起这个大家伙，因此机动性差，公路最高时速只有30千米，越野时速只有15千米。这就好似背着“房子”走的乌龟怎么会走得快。“虎王”装备860升容量巨型油箱，却只能支持其行驶100千米。此外，发动机和传动系统难以承受这70吨的重量，因而故障率高。

1944年5月，在明斯克附近“虎王”首次参战。同年6月18日诺曼底战役中，德军第503坦克营装备的两个“虎王”连队参战，但由于存在技术原因，导致这两个连队的“虎王”坦克都遭受毁灭性的打击。除了机械故障，“虎王”的机动缺陷也在战争中逐渐暴露。以1944年的阿登战役为例，1月3日，德军对阿尔萨斯发动最猛烈攻势，坚守阿登地区的美第1集团军和巴顿的第3集团军也同时出击，发起大规模反攻，阿登战役中最激烈的战斗打响。经过整整5天激战，德军损失惨重，被迫撤退。拥有“虎王”的德军本来可以依靠“虎王”的强大火力优势从盟军包围中杀出一条血路，但在装甲部队突破包围以后，绝大多数“虎王”因机动性差跟不上部队行进速度而落到后面，而且不断地因机械故障、燃油不够而抛锚，只能自毁退出战斗，没有发挥出任何作用。

虽然在战场上的战绩不佳，但沉迷于巨型坦克威慑力幻想的德国依然将大量的资源投入到生产巨型坦克这个无底洞里。到1945年战争结束一共生产了489辆“虎王”，然而相同的这些资源足够生产1000辆性能更优的“豹”式坦克，足以装备5个装甲师。这种对超级武器的疯狂笃信，浪费了极大的资源，也让胜利的天平逐渐倒向正义的盟军一方。“虎王”是德军对于超级武器的大胆尝试，其设计理念的美好却被实际工艺困难给打败，最终只能是造成资源的浪费，也使得“虎王”沦为外强中干的“纸老虎”。

史上最重的“老鼠”

1941 年 11 月，战场上出现的苏军 T-35 坦克给德军带来一丝危机感，还有传闻苏联正在发展一款重达 100 吨的坦克，希特勒被这种看上去威力无比的“陆地战列舰”给深深吸引，于是向德国著名坦克设计师斐迪南·保时捷博士询问开发超级重型坦克的可能性。1942 年，德国克虏伯公司提出“虎鼠”式和“狮”式重型坦克两种构想，因为它们的体形巨大，所以这些超重型坦克的起初第一个代号就称为“猛犸”，但为了迷惑敌人，又改称为“鼠”式。但是两种构想都没能走出图纸变为实车，但是其研发的经验与技术却为后来的重型坦克打下基础。1942 年 3 月，保时捷公司收到一份合约，要求研制一种重达 100 吨的新型坦克。1942 年 5 月，在希特勒要求下斐迪南·保时捷博士与克虏伯公司的穆勒博士开始合作研发，希特勒还要求新型坦克应重达 180 吨，具有高的防护性，以及搭配大口径 128 毫米或者 150 毫米火炮。研发的最终成果就是“鼠”式重型坦克。

在火力上，“鼠”式坦克的主要武器为 128 毫米的主炮和 75 毫米的同轴副炮。据德军预测，128 毫米火炮可以在 3500 米的距离穿透盟军的美国 M-4“谢尔曼”坦克、英国“丘吉尔”坦克、苏联 T-34/85 坦克和 IS-2 坦克的所有装甲，能在 2000 米的距离穿透美国 M-26“潘兴”坦克的所有装甲。其近战防御武器是 2 挺 7.92 毫米 MG34 机枪。此外，“鼠”式坦克炮塔上还安装了当时先进的火炮测距仪和夜战设备

“鼠”式坦克

等。在防护力上，“鼠”式坦克重达 188 吨，有着相当厚实的装甲。车体前方 35° 倾斜的装甲厚达 220 毫米，在防护上相当于 380 毫米厚。炮塔正面装甲厚 240 毫米，与炮盾叠加时为 520 毫米。车体正下方和炮塔顶部的装甲也有 120 毫米厚，车体两侧装甲厚 185 毫米，车体后部装甲厚 160 毫米，如此厚的装甲使其成为一个移动的钢铁堡垒。在机动性上，“鼠”式坦克的动力装置采用戴勒姆 - 奔驰 MB517 汽油发动机，功率高达 895 千瓦，但由于“鼠”式坦克的超重吨位，其行驶速度依旧偏低，最高时速只有 23 千米。

1943 年末，“鼠”式坦克的 1 号样车便已经建造完成并投入测试，不过当时其炮塔还没有造好。1944 年初，这辆样车被运往博普林根试验场进行实验，除悬挂装置还有不足外，测试结果基本令人满意。1944年3月，第二辆样车也被运到博普林根试验场，而这辆坦克已经安装了炮塔。1944年10月，“鼠”式坦克的两辆样车被转运到库麦斯道夫试验场继续进行测试。然而没等成品最终定型，1945年随着苏军逼近柏林，德军将两辆样车破坏。

作为第二次世界大战中德国研制的超级坦克，“鼠”式坦克拥有空前的火力和装甲，但是却仅仅停留在测试阶段，无法在战场上发挥其巨大的威力。这就是史上最重“老鼠”的命运。

山姆大叔的“双头怪兽”——M3坦克

1939年，德军在欧洲战场上的显著战绩震惊了全世界，尤其是在战争中德军坦克部队的出色表现，使各国看到了坦克的巨大威力也使得各国开始抓紧展开装备研制。美军发现自己现有坦克主要是M2轻型坦克和M2中型坦克，两者均有些过时，火力和防护上都不再适合实战运用、威力不足。于是在1940年，美军开始对相对成熟的M2中型坦克进行改进，除了加厚了装甲还在原有的37毫米坦克炮的基础上在车体一侧的突出炮座内安装了一门75毫米坦克炮。1940年7月11日，它被定名M3中型坦克。1941年4月，克莱斯勒坦克厂等4家企业生产出试验型样车，8月试验合格后，4家工厂开始正式生产M3坦克，陆续交付英国陆军使用。M3坦克也成为英国在北非战场作战时的主要装甲作战力量。在英国服役的M3坦克，被英军称为“格兰特”式，稍微改良、采用新式炮塔后的M3坦克，又被称为“李”。从1941年8月开始生产到1942年12月，各种型号的M3中型坦克总计生产了6258辆。

在火力上，M3最大的特点是装备两门火炮：1门37毫米加农炮装在炮塔上；另1门75毫米榴弹炮装在车体右侧凸出炮座内。远远看上去就像是长着双头的钢铁怪兽。由于当初该坦克主要是用于支援步兵作战的，所以主炮设计为采用美军在第一次世界大战中使用过的法制75毫米炮弹，弹重6.76千克。该炮的炮筒很短，炮弹初速仅有500米/秒，800米距离穿甲厚度 55 毫米，2000 米距离穿甲厚度 35 毫米。此后，M3 改用长炮筒，使得穿甲威力大增，使用穿甲弹 1200 米距离穿甲厚度 56 毫米。在防护上，M3 装甲厚度 12 ～ 57.2 毫米，其铆接结构和均匀钢板是比较明显的缺陷，因为一旦坦克被对方的炮火击中，铆钉就会像霰弹一样在车内横飞，坦克乘员很容易受伤。为了防止在坦克被击中后乘员无法走出逃生边门，设计者还在坦克底部开了一个口子，作为逃生的第二通道。在机动性上，它的推进系统非常独特，行动部分采用平衡式悬挂装置，每侧有 6 个负重轮，主动轮在前部，诱导轮在后部共分为 3 组。最突出的是它的多变性，各种改进型推进系统和发动机型号各不相同，这也反映了战时的要求。公路最高时速 42 千米，携带 662 升燃料，行程 193 千米。车内载员 7 人。

M3 在各大战区都有其战斗的身影。在欧洲战场上，1942 年 5 月，英军在北非从卡扎兰到比尔哈凯姆之间构筑了坚固的防线，又从英国本土调遣了 167 辆 M3A3 步兵坦克，分别装备了第 1 和第 7 装甲师。26 日，德军第 15 坦克师开始对英军防线发动进攻。在卡扎兰到比尔哈凯姆之间的攻防战中，英军一开始就处于优势地位：布置在高地上的格兰特步兵坦克充分发挥火力优势，在德军三号坦克的 50 毫米炮和 4 号坦克的 75 毫米短筒炮的射程之外对其发动攻击。而德军对于这些突然出现的高大且火力凶猛的坦克显然没有心理准备，被打了个措手不及。虽然他们尽可能缩小两军之间的距离，以便用反坦克炮来摧毁英军的坦克，不过在英军顽强抵抗和M3有力的阻击下，德军的战术计划破了产。5月27日在奈茨桥附近，英军第4装甲团与德军第15坦克师展开了激战。虽然德军的3号和4号坦克的炮弹不断命中目标但却被一个个弹开，而英军M3发射的高性能榴弹命中后，对方坦克立即起火燃烧。事后隆美尔还心有余悸地表示"英军有性能比我们优越的坦克在等着我们。"不过，虽然M3坦克的75毫米炮和37毫米炮在战事开启之初打了德军措手不及，给德军造成重创，但德军在遭受损失后，迅速改变战术，利用M3火炮水平射界有限的缺点和自己的坦克机动性能优势，绕到M3的侧翼开火，最终击毁了一些M3。而英军在使用坦克和坦克战术上都有些死板，虽然在数量上占优，但仍然被击溃，最终托卜鲁克要塞也投降了。虽然M3的首次亮相没能取得胜利战果，但也有了令人惊艳的不俗表现。

M3首次取得战果是在太平洋战场上，1941年12月底，美军使用192辆M3在菲律宾吕宋岛挫败了日军长驱直入的进攻，保证麦克阿瑟有足够的时间完成了将部队转移到巴丹半岛的计划，随后在与日军在巴丹半岛和科雷希多岛的作战中，M3对抗日本89式战车，占尽上风，起到中坚作用。1943年，美军在太平洋战场上进入反攻阶段。在塔拉瓦环礁的作战中，为增援海军陆战队第2师和第27步兵师，火力猛的M3又被当作自行火炮使用，第193坦克营的M3在登上海滩后，就轻易地击毁几辆企图反击的日军95式轻型坦克。1943年11月13日，岛上战斗结束，这是 M3 在岛屿进攻战中的第一次也是最后一次实战。实际上，在太平洋战场茂密的热带丛林中，坦克并不需要太强机动力，M3 的 75 毫米炮虽然有射击角度有限的缺点，但却根本不影响其作战发挥，所处位置较高的 37 毫米炮所发射的散弹也对日军具有很大杀伤作用。

M3 中型坦克的战斗历史是短暂的，变得陈旧的 M3 坦克分别从欧洲战场和太平洋战场上退了下来。此后美军发现 M3 坦克对装甲力量有限的日本还是很有威力的，于是经过精心维护后，这些坦克又分别在西南太平洋战场上装备澳大利亚军、在缅甸和印度战

M3 坦克

场装备了英军。1944 年，英军第 14 集团军在缅甸战场使用 M3 坦克支援丛林作战的步兵，这对日军狙击手来说是非常头疼的，因为他们的藏身处常被 M3 坦克巨大威力的炮弹击中。而澳大利亚陆军的战史记录也表明："没有 M3 坦克的支援，我们会付出更多的牺牲"。这种长着"双头"的钢铁怪兽最终用实际战绩证明了自己的非凡战斗作用，所谓好钢用在刀刃上，哪怕有一定缺陷，但在打击法西斯嚣张气焰上 M3 战果累累。

从天而降的“领主”

1941 年，受二战初期德军成功利用运输机和滑翔机运输坦克的影响，英国思路大开，着手开始组建一只空降部队。1943 年，为给初具规模的空降部队提供火力上的支援，英国效仿德国的做法：在原有的轻型坦克中寻找合适的型号改进为空降坦克，最终由维克斯·阿姆斯特朗公司在 1938 年研发的 Mk Ⅶ型坦克被列为首选。这种坦克虽机动性能出色，但由于装甲防护和火力较差，仅在 1942 年马达加斯加岛登陆作战中被少量使用，结果损失惨重，因此被弃置。这样原本被弃置不用的 Mk Ⅶ再次由维克斯·阿姆斯

“领主”空降坦克

特朗公司进行改进，作为空降坦克被寄予厚望。最终“领主”坦克诞生了，成为英国历史上第一种空降坦克。

“领主”车体紧凑、全重大约只有 7.6 吨，方便进行飞机运输。“领主”装备了一台功率为 121.4 千瓦的发动机，公路时速能达 64 千米，越野时速达 45 千米。与众不同的是它的行走装置：4 对大大的负重轮直接挤在履带中间，没有单独的主动轮和诱导轮。转向方式也很特别，分为两种状态：高速状态下，使用常见的差速转向；低速状态下则可以选择调整负重轮的方向，改变履带形状来进行转向。为克服 Mk Ⅶ的防护和火力的不足，要害部位的装甲被加厚，40 毫米口径主炮也换成 76.2 毫米榴弹炮。与此同时，为配合空降，英国军方要求通用航空公司负责研制可装载空降坦克的重型滑翔机。1942 年 3 月 27 日，第一架滑翔机样机成功进行试飞，它是英国历史上体积最大的木质飞机，被命名为“哈米尔卡”。“哈米尔卡”的机舱尺寸完全是按照“领主”的体积而设计的，可以将其轻松容纳；最大起飞重量能达到 12 吨，用来装载 7.6 吨的“领主”轻而易举。“哈米尔卡”重型滑翔机的总产量达 410 架，战斗时由英国皇家空军“哈利法克斯”式重型轰炸机牵引，成为二战中盟军唯一一种有能力进行空降坦克的滑翔机。

“领主”在诺曼底登陆战中大显身手。1944 年 6 月 5 日，英美军队共出动 239 架运输机和 867 架滑翔机成功在法国诺曼底空降了三个空降师，其中最引人注目的是 20 架“哈米尔卡”重型滑翔机装载着英军第

6空降师第6空降装甲侦察团的20辆“领主”。在飞越英吉利海峡时，“领主”的发动机就已经开始启动。最终除了1辆在飞行中撞破滑翔机头坠入海中、2辆在着陆时严重受损外，其余17辆全部随着滑翔机在奥恩河畔安全着陆，驶出机舱后立即投入战斗，成功夺取着陆场。战斗中，“领主”击毁了德军大量火力点，为英国空降兵提供了有力的火力支援，这次空降行动也因是世界战争史上首次使用空降坦克参战而列入史册。除了参加诺曼底空降作战外，“领主”还在莱茵河空降战役中随滑翔机空降部队顺利着陆。由于有“领主”强大的火力支援，莱茵河空降战役也成为盟军在第二次世界大战中损失最小的一次空降作战。

“领主”灵活机动，火力强劲，十分适合伴随空降兵参战。作为最早参加实战的空降坦克，在战场上常常发挥奇袭的效果，犹如神兵天降、大放异彩，也为坦克作战方式提供新的作战思路。

第二次世界大战后的坦克

低语死神——M1A1 坦克

1982 年的中东战争中，由美国支持的以色列军队装备的 105 毫米坦克炮，对于叙利亚配备的有复合装甲俄制 T-72 坦克难以做到有效打击，事实证明 105 毫米坦克炮已经很难应对苏联现代坦克的挑战，因此美国决定研发新的坦克，将坦克炮换成大口径的 120 毫米。

从 1981 年开始，美国陆军着手换装 120 毫米主炮的 M1 坦克，同年研制出 14 辆换装 120 毫米滑膛炮装甲强化的 M1E1 坦克。M1E1 在测试中的表现令美国陆军非常满意，经后续改良后正式开始量产，命名为 M1A1 坦克。M1A1 坦克全称为 M1A1 艾布拉姆斯坦克，是美军的第三代主战坦克，从 1985 年开始服役至 1994 年停产，美军总共生产了 4796 辆。

M1A1 坦克

M1A1 坦克

M1A1 的机动性上与传统的坦克不同，M1A1 使用的是莱康明 AGT-1500 燃气涡轮机，输出功率为 1103 千瓦。发动机运行时噪声很小，与其他坦克的发动机相比，隐蔽性也很好，士兵称之为“耳语般的死亡”，这也是“低语死神”绰号的由来。M1A1 的主炮采用了莱茵金属公司（德国）制造的 M256 型 120 毫米滑膛炮，另配有 1 挺 12.7 毫米机枪、2 挺 7.62 毫米并列机枪，具备核生化环境下作战能力。这一点在海湾战争中得到了证实。

1991 年海湾战争中，以美军为首的多国部队在对伊拉克进行了 42 天的空袭之后，于 2 月 24 日发起地面战争。虽然遭受了长时间空袭，但是时任伊拉克总统的萨达姆对所属卫队的战斗力依然信心十足，对配备的号称“陆战之王”的 T-72 坦克，依然充满信心。但是在 1991 年 2 月 25 日，进攻发起的第二天，萨达姆的信心就被彻底击毁。伊军出动一个坦克营 35 辆 T-72 坦克的兵力，出其不意想偷袭美军一个 M1A1 坦克连，以报连日遭受空中打击之仇。但是由于美军 M1A1 先进的性能，美军警戒人员通过车载热成像仪进行侦测，即使是在漫天沙尘和油井燃烧烟雾的低能见度下，在 2000 米之外成功发现了伊军坦克。美军凭借 M1A1 机动性能好、功率大、噪声小的优势，在伊军尚未发现时悄悄出现在歼敌范围之内，随后美军 M1A1 将炮口瞄准 T-72，迅疾展开火力打击，一举将其全部歼灭。

M1A1 性能彪悍、结构紧凑，具备冷启动、多燃料使用等性能优势。该坦克保养简单、冷却系统效率高，不足之处是燃油消耗率和成本较高。

人头收割机——“百夫长”坦克

在二次世界大战进入尾声时，英国人研制出了新的主战坦克，即“百夫长”坦克。虽然有6辆“百夫长”被送到欧洲战场，但是并没有追上战争的尾巴，没有参与任何战斗。战后，“百夫长”继续在英军服役。

“百夫长”长9.8米，宽3.38米，重52吨，高3.01米。“百夫长”车体焊接而成，不同车体部位装甲厚度有所不同。发动机配备劳斯莱斯公司生产的“流星”12缸汽油机，输出功率为485千瓦。缺点是由于自身较重、油耗高，速度和行程较低，最高速度35千米/小时，最大行程450千米。

“百夫长”有多个版本，其中MK1、MK2型配备77毫米火炮，MK3、MK4型则改为83.5毫米火炮，可携带65发。它可以发射榴霰弹、穿甲弹、榴弹等，MK5型改为105毫米线膛炮，英军坦克“线膛路线”的序幕由此拉开，新配装的105毫米线膛炮杀伤范围1800～4000米，装弹速度可达到10发/分钟。防护性能上，MK5型之前的“百夫长”装甲厚约76毫米，而MK13型“百夫长”装甲厚度达150毫米，缺点是该坦克没有配备三防装置。

在1973年的“赎罪日战争”（第四次中东战争）中，由埃及、叙利亚组成的阿拉伯联军对以色列占领的西奈半岛和戈兰高地发起进攻。在戈兰高地之战（又称眼泪山谷之战）中，以军第7装甲旅依托战前构筑的完善的防御阵地体系，用100辆改良版“百夫长”凭借其优秀的俯角优势和精确的火炮，在防御战中成功击败了由 600 辆 T-55 和 T-62 组成的叙军装甲集群的冲击，以军往往在 2000 米距离上就摧毁了负责帮助叙军坦克的装甲工程车和架桥车，而冲击到反坦克壕附近的叙军坦克又无法越过壕沟，被以军坦克挨个点名。

“百夫长”虽未经历二战的洗礼，但是在朝鲜战争、印巴战争、中东战争、越战都有它的身影，特别是在“赎罪日战争”中书写了自己的传奇故事，成了它光荣的回忆，打出了具有“人头收割机”的美名。“百夫长”由于设计优良，创造了两个“最”：一是成为西方国家在二战之后服役国家最多的坦克；二是服役最久的坦克。

“百夫长”坦克

不朽的钢铁丰碑——59 式坦克

1955 年，新中国从苏联引进了当时性能十分优异的中型坦克——T-54 和改进型 T-54A。因为对坦克需求庞大，于是我国开始决定仿制 T-54A，在 1958 年造出用苏联零件组装而成的国产 T-54A，1959 年后我国已经可以独立生产 T-54A，而在建国十周年的庆典上首批国产 32 台 T-54A 坦克在国人面前亮相。从那以后国产的 T-54A 坦克也被称为 59 式坦克。

59 式坦克配备 12 缸 V 型 4 冲程水冷直喷式 12150L 柴油发动机，额定功率为 382.5 千瓦。采用扭杆式独立悬挂装置，车载电台为 A-220 型调频电台，

59 式坦克

车体为轧制装甲钢焊接结构，主炮为100毫米线膛坦克炮，车顶配12.7毫米高平两用机枪、7.62毫米并列机枪、7.62毫米航向机枪。

59式坦克参加了1979年中越边境自卫还击作战，作为第一辆国产化的坦克，经受了战争炮火的检验，在实战中表现也比较出色，最终帮助英勇的解放军完成了此次作战行动。战后，针对59式中型坦克暴露出来的防护能力较差、火控系统精度较低等缺陷，决定对59式坦克进行改进。1984年，正式定型命名为59-1式中型坦克。相比于59式坦克，59-1式配备自动装表火控系统、激光测距机等，火炮的命中率、防护能力和机动性上均得到了提升。1980年，开始对59-1式进行改进设计，改进后的坦克称为59-2式中型坦克。重点对火炮、电台和灭火抑爆系统进行改进，在火力、通信和对二次效应防护方面，达到当时的世界先进水平。59-2主炮为105毫米线膛炮，加装了VRC-8000型坦克电台和自动灭火抑爆系统，可在60毫秒内启动灭火系统，提高驾驶员在战场上的存活率。

除此之外，北方兵器工业公司还推出了一款装有125毫米坦克炮的59式改进型主战坦克（59改），作为专门的外贸车。59改配备国产三代主战坦克的125毫米坦克炮和先进的稳像式火控系统，这也是该车的最大亮点。除此之外，59改炮塔为棱角分明的焊接式炮塔，车体装甲加挂了复合式装甲，整车看上去外形线条流畅，感觉更加雄浑有力。

经过试验和实战的检验，59式中型坦克不仅性能好，而且地形适应能力强，维修保养简单方便。1983 年一年的时间里就生产 1500 辆坦克，直到 1985 年停产，我国一共生产 10000 辆 59 式坦克。59 式坦克和它数不胜数的改进型占据了中国陆军的半壁江山。

细心的你有没有发现，不管时代怎么进步，也不管 59 式坦克如何改良，那永远的五对负重轮永远存在，它是一个不死老兵的传承，更是一种精神的延续。随着高端坦克的发展，如今世界强国已经大规模列装第三代主战坦克，而我国也列装了自主研发的三代坦克，但是 59 式坦克依然在发光发热，默默地守护着我们，忠诚地守护着国家的领土安全，成为我国装甲史上一座不朽的钢铁丰碑。

钢铁洪流的“代言者”——T-72 主战坦克

T-72 主战坦克是世界上最著名的坦克之一，是苏联在冷战时期的产物，是继 T-34 后的又一经典之作，逐渐成为了苏式坦克的代名词。T-72 继承了苏军以数量优势压倒对手的一贯作风，它的产量达到 2.5 万辆，是二战后产量最大的主战坦克。直到 2006 年，生产线才正式关闭。

T-72 坦克

开火中的 T-72 坦克

T-72 重 46.5 吨，乘员 3 人，车长 6.9 米，宽 3.36 米，高 2.9 米，涉水深 1.2 米，潜渡深 5 米。发动机为 12 缸 V-46 型，输出功率 574 千瓦。T-72 最高行驶速度 80 千米 / 小时，最大行程 450 千米。T-72 的主炮为 125 毫米滑膛炮，可发射穿甲弹、破甲弹以及导弹等，同时配有 7.62 毫米口径同轴机枪和 12.7 毫米防空机枪，炮塔上还装有烟幕弹发射器。T-72 采用了复合装甲，最厚处达 200 毫米，配备三防、灭火抑爆装置，安全性得到了大幅度提升。

在1999年第一次车臣战争中，5000多名武装分子在巴萨耶夫指挥下，聚集于达吉斯坦和车臣边境，在达吉斯坦向俄军猛烈进攻，意图打败俄军。由于俄军T-72仓促上阵，武器装备、人员配置、协调训练等方面准备不充分，在占尽天时（发动突袭）、地利（熟悉地形）、人和（以逸待劳）的车臣非法武装分子的进攻下，初次交锋俄军损失惨重。

在随后的第二次车臣战争中，得益于大部分军官有了战斗经验，乘员培训水平提高、协同组织流畅，后勤保障到位，俄军坦克装甲设备的损失少了许多。1999年12月至2000年1月，俄军第205独立摩步旅独立摩步营某坦克连在解放格罗兹尼老工业区的战斗中，起到了关键性的作用。坦克距离摩步兵不到50米，保障步兵免受侧面和后方火箭弹的杀伤，正面攻击的坦克火力又不会对步兵造成危害。在1999年10月到2000年8月战斗期间，该坦克连无人员伤亡、无坦克报废，证明了T-72的可靠性和战场生存能力。

虽然在第一次车臣战争中T-72损失惨重，声名涂地。不过，T-72最终还是在第二次车臣战争中证实了自己的实力，彰显了俄罗斯用铁血手段捍卫了国家主权和领土完整，并且向世人展示了俄罗斯在捍卫国家利益的决心和意志。这一仗更能展现“钢铁洪流”的强大震撼力。

坦克界的“劳斯莱斯”——AMX-56 主战坦克

19 世纪 70 年代，为了更换逐步落伍的 AMX-30 主战坦克，法国陆军痛下决心，自主研发新一代主战坦克，要求坦克在火力、防护、机动性等方面与德国的“豹”2、美国的 M1 等要处于同一水平。

1985 该坦克完成设计定型，1986 年 1 月正式命名为 AMX-56“勒克莱尔”主战坦克，1989 年 12 月完成第一辆样车组装，1990 年在欧洲陆军装备展览中首次露面，后经过改进与测试，1993 年开始装备法国作战部队。

AMX-56 重 56.5 吨，乘员 3 名，本身拥有基底装甲的车体与炮塔采用钢制全焊接技术，在炮塔周围可加挂复合装甲以增强防护力，并拥有先进的灭火抑爆装置，能在 2 ～ 10 微秒内侦测出火源并将其扑灭，防护性能优异，乘员安全系数高。

动力方面，AMX-56 使用新型 SCAM V8X-1500 8 汽缸水冷涡轮增压柴油发动机，该发动机具有体积小、重量轻、易启动、功率高、不冒黑烟等优点，输出功率为 1103 千瓦。AMX-56 最高速度 72 千米 / 小时，最大行程 550 千米，加速性能优越，从车辆静止到时速 32 千米只需要 5 秒钟。

火力方面，AMX-56 配备一门 GIAT 的 CN-120-26 型 120 毫米滑膛炮，可发射翼稳脱壳穿甲弹、训练哑弹、高爆穿甲弹、高爆榴弹，同时配有 12.7 毫米同轴机枪，可携带 950 发子弹。车长与炮长舱口附近均

AMX-56 坦克

有 7.62 毫米机枪枪架，用于打击地面目标。AMX-56 的射击控制系统，能在 4000 米外发现目标，于 2500 米外完成确认，夜视器与红外线热像仪根据需要可进行互换配置，同时拥有激光测距的能力。

AMX-56 的一个突出亮点是，在装甲防护性能不降的前提下，通过运用最新的技术理念和精心的优化，动力系统比 M1、“豹” 2 等坦克缩短了 1 米的空间。这既体现了法国人“精雕细琢”的大师风范，同时这样紧凑的布局使得 AMX-56 主战坦克受弹面积大大减小，安全性能大大提高。

AMX-56 吸收了传统的火炮、侦察车、履带式战车、电子和预警及控制系统平台所具备的能力，将一系列先进科技于一身的 AMX-56 主战坦克，性能卓越。但同时也使它成为世界上制造价格最昂贵的坦克并以 1000 万美元的造价荣登榜首。昂贵的报价让 M1A2、“豹” 2 等望尘莫及。AMX-56 在世界最昂贵的坦克中拔得头筹，是现实版坦克界的“劳斯莱斯”。

混血儿——K2 主战坦克

在朝鲜战争第一阶段，韩国几十万军队面对朝鲜装甲部队的猛烈进攻，显得力不从心，朝鲜人民军用配备的 T-34 坦克将美韩联军从“三八线”一直打退到釜山。痛定思痛，韩国总统朴正熙在 20 世纪 70 年代，正式下令自主研发坦克。第一款面世的坦克命名为 K1，随后又在 K1 的基础上，陆续开展了一系列研究，直到 K2 主战坦克的诞生，下面主要给大家介绍一下 K2 主战坦克。

K2，绰号“黑豹”，是韩国在 20 世纪 90 年代“自主研制”的主战坦克。1995 年，韩国军方与韩国

K2 坦克

国防科学研究所和现代汽车属下单位以及韩国国防工业公司签订合作协议，使用外国和本国技术混合研发，直到K2问世，总计耗资2亿3千万美元。K2直到2011年才开始量产，计划装备韩陆军680辆，每台造价约850万美元。

动力方面，K2配备的发动机比其他同功率发动机体积小，与美军M1主战坦克相同。得益于三星设计的涡轮装置，K2在停车时发动机不需要保持发动状态，车上各系统就可以正常运作，降低了油耗。涉水深可达4.1米，使坦克在机动路线选择上更加多样性，可以更快迎敌。

火力配置上，K2配备120毫米滑膛炮，同时还有12.7毫米K6机枪和7.62毫米同轴机枪。自动装填也是其一大亮点。K2的悬架系统可以使它在坐、站、跪等姿势下发射炮弹进行攻击，其穿甲弹可在2000米距离击穿640毫米厚度标准钢板。

K2被韩国研发机构誉为“全世界技术水平最高的一种主战坦克”。作为韩国的新型主战坦克，在吸收了K1、M48两代坦克经验的基础上，取长补短，融合了第三代坦克之所长，在火力配置和机动性能上有不错的表现，韩国虽然舍得下血本自主研发，K2在火控系统水平上达到世界水准，但是该坦克的火力打击能力和防护能力只能算作二流水准，机动性与世界各国主流主战坦克相比劣势也较为明显。随着时代的进步，科技的发展，以后的装甲会向高科技看齐，但由于成本太高，大面积装备的可能性很小，人为拔高吹嘘该坦克，则有点打肿脸充胖子的感觉。

战场上的神兽——“酋长”主战坦克

在“酋长”主战坦克出现之前，英国陆军装甲部队的主力是诞生于二战期间的“百夫长”系列坦克，火力配置为口径 83.4 毫米的 20 磅炮以及 105 毫米的 L7 火炮。为了弥补火力上的不足，与“百夫长”配合的是重达 66 吨的“征服者”重型坦克，依靠威力强大的 120 毫米主炮为百夫长坦克提供远距离的反坦克支援。但是在当时的国际环境下，在苏军有总数超过 10 万辆的 T-54/55、T-62 坦克“钢铁洪流”面前，只生产了 185 辆的“征服者”就显得有点微不足道了。面对随时可能席卷整个欧洲的苏联坦克，英国人不得不开始研发新一代的主战坦克，也就是我们如今看到的“酋长”主战坦克。

“酋长”战斗全重 55 吨，乘员 4 人，车长 10.80 米，车宽 3.50 米，车高 2.40 米。作为一辆在防御性能时代来临前问世的主战坦克，英国人准确把握了未来坦克的发展方向，将“酋长”设计成了一座移动的钢铁堡垒。“酋长”的上装甲由一块厚 85 毫米、倾斜 72° 的钢装甲构成，等效厚度达 275 毫米，炮塔装甲等效厚度也达到了 250 毫米。之后又加装了由两层装甲钢和一层橡胶构成的“斯蒂尔布鲁”复合装甲，炮塔正面等效厚度达到惊人的 350 毫米。

火力配置上，装备了 1 门全新设计的 L11 A5 型 120 毫米线膛炮，这也是它独有的主战特色，炮管为 55 倍径，长达 6.6 米。特意为 L11 配备了全新的 L15A4/A5 型 APDS 弹药（世界上第一种投入实战的贫铀穿甲弹）。作为当时领先时代的“黑科技”，贫铀弹优势非常明显，这也使得“酋长”成为第一款能够发射击穿北约三层重型靶板（相当于一块350毫米厚的间隙装甲）穿甲弹的坦克。

除了拥有一门强力的主炮，“酋长”还拥有当时世界上最先进的马可尼公司IFCS火控系统，能够对

“酋长”坦克

3000 米固定目标和 2000 米活动目标有较高的首发命中率，白天有效打击范围超过 2400 米，夜间交战距离也达到了 1500 米。

中东战争、海湾战争是“酋长”的“成名之战”，凭借坚固的防护、优秀的火力打击能力，“酋长”多次利用出色的远程射击能力，对自己的死对头 T-62 进行毁灭性打击。在两伊战争期间的苏桑吉尔德战役中，伊朗投入了 350 辆“酋长”，对阵伊拉克的 400 辆 T-62，最终踩着 T-62 的“尸体”一战成名。

英国在研发“酋长”时确实下了功夫，实践是检验真理的唯一标准，在经历无数战火的考验后，“酋长”凭借一门优秀的 120 毫米主炮和超厚靠谱的防护，一举拿下复合装甲出现之前防御能力最强的“钢坦克”的美称。在那个坦克设计师对破甲弹谈之色变的年代，采用重防护设计的“酋长”显得十分特立独行。尽管机动性的不足使得“酋长”并不算完美，但它依然通过在中东战争、海湾战争实战中的优秀的火控表现赢得了应有的荣誉。直到现在，依然有为数不少的“酋长”在伊朗和约旦等国服役，继续着自己的军旅生涯。

不再是“小豆丁”——90 式主战坦克

早期，日本陆上自卫队的战略为“诱敌深入”，即利用日本特有的崎岖地形来布阵迎敌，以往的 61 式和 74 式主战坦克作战模式倾向于依托地形定点射击，而不是与敌方坦克在开阔的环境中正面作战，这样做的优势是日本坦克部队可以抵消苏联坦克火炮口径大且装甲厚的优势。20 世纪 70 年代末，随着日本综合国力的蒸蒸日上，日本开始将自卫队的战略从原来“消极防守”改为“洋上击破”，日本陆上自卫队为了响应此战略，也将过去的“诱敌深入”改为“水际击破”。即将作战区域向外推展至滩岸，在敌军刚登上滩头之际便将之消灭。所以，日本陆上自卫队以苏联为假想敌，研发一种能直接与苏军的 T-72、T-80 主战坦克正面一搏的新一代主力战车，即 90 式主战坦克。

1976 年，日本防卫厅技术研究本部提出了初步设计，代号为 STC，于 1977 年开始样车的研制，1980 年推出首批 2 辆原型车。由于日本国产部件、发动机、火炮的性能一直不理想，日本放弃国产改向德国引进。直到在 1989 年 12 月 15 日的装备审查会议上，STC 才正式定型，于 1990 年 8 月 6 日按照年份命名为 90 式主战坦克，投入量产。

日本陆上自卫队从 1990 年起正式接收首批的 30 辆 90 式，由于其设计时的假想敌为苏联，故 90 式优先装备紧邻库页岛的北海道，取代落后的 61 式。

90 式长 9.755 米，宽 3.33 米，高 2.33 米，重

90 式坦克

50.2 吨，乘员 3 名。车体与炮塔由钢板焊接而成，炮塔前方与车身正面安装了三菱重工的制钢厂研发的新型复合装甲，90 式的复合装甲以两片冷轧含钛高强镀钢板包夹纤维蜂窝状陶瓷夹层而成，两片外钢板内侧并装有轻金属。日本虽未公布 90 式复合装甲的技术细节，由于日本拥有全球最先进的陶瓷科技，故西方观察家多半给 90 式的装甲技术极高的评价，甚至被认为优于乔巴姆复合装甲。

动力方面，90 式采用一具三菱 10ZG32WT V 型 10 缸二冲程涡轮增压柴油发动机，最大功率 1102.5 千瓦，具备原地回转能力，机动性能优异。日本之所以刻意使用重量轻的大功率二冲程发动机，主要还是因为日本无法像德国 MTU 厂般，制造出与 90 式匹配的四冲程柴油机。所以，付出的代价就是极高的油耗，这也导致90式最大行程只有350千米，最高速度70千米/小时。

在武器配备上，90式装备了一门与德国“豹”2系列相同的莱茵金属制120毫米滑膛炮，90式最独特的地方莫过于使用了三菱重工研发的自动装填系统，这让其拥有了11发/分钟的高射速。

90式具备了一流的技术水平，但也正因为技术水平过高，导致90式的造价居高不下。1990年刚投产时的造价为一辆760万美元，在巅峰时期一度逼近每辆900万美元，大约是美国M1A1主战坦克的两倍。所以,90式长年与以精密复杂著称的法国“勒克莱尔”主战坦克“竞逐”世界最昂贵主战坦克的称号。90式的50吨车重略低于M1、“豹”2等同时期欧美的主战坦克，但比起先前仅有38吨的74式可以说有了大幅跃进，使日本在世界上一改本国坦克在火力和防护上都不足的轻型坦克形象，不再是“弱不禁风”小女子形象，有了点“高大猛男”的样子，终于不再是“小豆丁”了。

独树一帜——“梅卡瓦”主战坦克

经历过1967年中东战争炮火的洗礼，以色列认为坦克“机动防护”的意义不大，在吸取实战经验的基础上，以军确立了“以防护为基础、保护乘员为中心”的设计理念。所以在研制新型主战坦克的初期便确定坦克的三大性能次序是防护、火力和机动性。

“梅卡瓦”主战坦克，是20世纪70年代末期以色列研制生产的一种主战坦克。首批生产型“梅卡瓦”Mk1型主战坦克于1979年交付以色列陆军。

“梅卡瓦”战斗全重62吨，净重59吨，车长8.630米，车宽3.700米，车高2.750米，乘员4人“梅卡瓦”采用了后置炮塔的车体结构，动力系统采用了美国泰莱达因·大陆汽车公司通用产品分部（TCM/GPD）的AVDS-1790A型12缸风冷柴油机，为前置前驱，最大行程400千米，最高速度43千米/小时。这种独树一帜的设计风格，使它成为世界上唯一一种采取这种车体结构的主战坦克。

“梅卡瓦”的车体是铸造的，前上装甲焊接有良好防弹形状的装甲板，右边比左边高些。这一层铸造装甲后面有一空间，中空装甲，可填充稳定性和惰性高的柴油，其后是另一层装甲，这样的结构使它有较好的防破甲弹和反坦克导弹的能力。

在炮塔设计中采用了模块装甲，复合装甲模块内装有复合装甲板组件，与炮塔基体相连接，用螺栓固定。突出炮塔座圈的车体外壁上、在驾驶员前的前上

射击中的“梅卡瓦”Mk3 型主战坦克

装甲板、侧裙板上也采用这种模块装甲。值得一提的是，为保障乘员安全，在设计中也尽可能使炮塔内部座位靠车体后部和相对较低的位置布置，“梅卡瓦”用于保护乘员的装甲重量占坦克战斗全重的 70%，大大高于其他坦克 。

“梅卡瓦”的主要武器是一门 M68 型 105 毫米线膛坦克炮，由美国授权以色列军事工业公司生产。该型火炮可以发射北约标准型 105 毫米破甲弹和碎甲弹，以色列军事工业公司还为此炮研制了 M111 式尾翼稳定脱壳穿甲弹，初速为 1465 米 / 秒，直射距离达 2000 米。

目前，该型坦克已发展了4种型号（分别为Mk1、Mk2、Mk3、Mk4），并多次投入以色列与他国军事冲突的战场，是世界上经历实战次数最多的主战坦克之一。在1982年夏季的黎巴嫩战争中，“梅卡瓦”首次驰骋沙场即创下以微小的代价击毁叙利亚陆军苏制T-54/55坦克19辆的战绩，从而一举成名。

2008年12月27日，加沙战争爆发，以色列国防军对巴勒斯坦加沙地带的哈马斯目标执行代号“铸铅行动”的空袭，摧毁了450个哈马斯目标。空袭持续一周后，以色列于2009年1月3日派出地面部队进入加沙地带。“梅卡瓦”以其出色的防护、攻击性能，成功扮演了城市巷战的“杀手”角色，融入城市战。在两场加沙战争中，以色列国防军用“梅卡瓦”突破巴勒斯坦阵地，同时借助主动防御系统保护坦克乘员的安全，提高“梅卡瓦”在城市战和低强度战争中的存活能力。

一想到“梅卡瓦”独特的动力传动装置前置的总体方案，总是让世界上各国坦克设计师们惊异和怀疑，但这也是该坦克的魅力所在。“梅卡瓦”是基于以军实战需要而研制的主战装备，该坦克火力足以攻击它所能见到的任何目标，机动性能够满足在中东地区的使用要求，防护手段能够保证车内乘员的安全，因此在“世界主战坦克排行榜”中，“梅卡瓦”屡屡上榜。

扶不起的“阿斗”——“阿琼”主战坦克

1972年，印度陆军提出用新型主战坦克替换正在生产中的胜利式坦克的要求。同年8月，印度战车研究院即开始新型主战坦克方案研究，1973年5月中旬，印度国防部长拉姆斯沃默·文卡塔拉曼在印度议会决定自行研制一种称为“印度豹”的新型主战坦克。起初命名为MBT80，后以印度教神话中战神的名字改称为“阿琼”，印度“阿琼”主战坦克是印度自行研发和制造的第三代坦克。

印度正式批准研制该坦克的时间是1974年3月，但是该坦克正式研制以来工期一拖再拖，历经15年仍未完成。而且研制经费一再追加，已达29.20亿卢比，是第一次拨款的20倍，其中，对外交流费用为8.936亿卢比，约占总经费的三分之一。

“阿琼”战斗全重50吨，车长10.19米，车宽3.85米，车高2.32米，最大行程400千米，最高速度45千米/小时。主要部件如发动机、传动装置、120毫米线膛火炮及其弹药、先进的装甲和火控系统均在印度生产。总体布置采用常规方案，样车以均质装甲板制成，生产型坦克采用印度国防冶金实验室研制的坎昌式复合装甲。

火力上，“阿琼”的主要武器是1门120毫米线膛坦克炮，配用由印度火炸药研究院研制的尾翼稳定脱壳穿甲弹、榴弹、破甲弹、碎甲弹和发烟弹。因为这些炮弹用该院研制的新型高能发射药发射，所以弹丸初速较高，穿甲弹的穿甲性能较好。辅助武器包括

“阿琼”坦克

1 挺并列机枪和 1 挺高射机枪，炮塔两侧各装 1 排电操纵的烟幕弹发射装置。

动力方面，“阿琼”起初准备采用燃气轮机，但后改用 12 缸风冷可变压缩比柴油机，功率为 1103 千瓦，部分样车上装的是联邦德国 MTU 公司的柴油机，功率为 809 千瓦。由于在研发过程中，印度一直致力于使发动机生产国产化，但天不遂人愿，印度研制的国产发动机根本无法达到陆军要求的 1029 千瓦的标准，这是“阿琼”研制计划一拖再拖的主要原因之一，这也说明了印度的军工整体水平还是有很长的一段路要走。

1988年，“阿琼”在印度西部沙漠进行了一次广泛的技术测试，原本印度陆军对于这次测试抱有强烈信心，认为测试结果必然会让“阿琼”名扬世界，可结果却让所有印度陆军军官如坠冰窟，冷到家了。“阿琼”在试验场上接二连三地出现故障，竟然出现了100多个技术问题。到1991年底，印度陆军参谋长对“阿琼”大为失望，要求中止整个计划。然而已是骑虎难下的尴尬境地，印度陆军只好降低了技术要求。但1995年的试验表明，“阿琼”连降低了的要求也难以满足。印度陆军称“阿琼”为“不适宜上战场”，只能训练时使用。正应了那句老话：“食之无味，弃之可惜”，印度“战神”沦为了军方的“鸡肋”，印度想要摘掉“万国牌”的帽子，走上自主研发的新路，可能还有很长的路要走。

麻雀虽小，五脏俱全——“公羊”主战坦克

意大利曾经一直都是一个军事强国，军事强国就需要有强有力的主战坦克来稳定陆地的安稳，意大利“公羊”就是一辆有代表性的主战坦克。

“公羊”是意大利军方在20世纪90年代研制成功的第3代主战坦克，也称C-1“公羊”主战坦克，作为意大利装甲部队中最为重要的组成部分，“公羊”在1986年设计完成，在1988年通过了意大利军队的全面测试。

“公羊”战斗全重48吨，乘员4人，车全长10.540米，车宽3.545米，车高2.46米，最高速度65千米/小时，最大行程550千米。该车车体和炮塔都是用轧制钢板焊接成的，并且在重点部位都采用了新型的复合装甲，也可挂装反应式装甲。焊接钢板可以保证车体的整体性，使车体具有更好的防爆功能，炮塔正面倾斜角度较大，能够很好地实现对地和对空的火力输出。

火力配置上，“公羊”的主要武器是1门口径为120毫米的滑膛坦克炮，同时配备有动能弹和化学能弹，辅助武器有1挺与主武器并排安装的口径为7.62毫米的机枪和1挺安装在车长炮塔舱盖上的口径为7.62毫米的高射机枪，大大增强了其火力输出。

意大利原本并不是坦克研制的强国，自己军队用的也一直是进口产品，所以在“公羊”的研制过程

“公羊” 坦克

中，尽量采用成熟技术和工艺，以缩短研制进度和风险。与当今最新型的主战坦克相比，“公羊”的各项性能一点也不突出，只有战斗全重比较小，堪称西方第三代主战坦克中最轻型的一员了，因而其机动性能较好。“麻雀虽小，五脏俱全”，先进坦克该有的东西，如热成像夜视仪、稳像式火控系统、复合装甲、120 毫米滑膛炮、自动灭火抑爆装置等，“公羊”身上一个也不少。事实也正是如此，在近几年的国际武器组织的“世界坦克排行榜”中，“公羊”榜上有名，虽然排名总是靠后，但这种意大利的国产货能占有一席之地，说明它还是一种性能不错、有一定战斗力的第三代坦克。

亚瑟王的“新神剑”——“挑战者”2主战坦克

“挑战者”2是1993年英国阿尔维斯·维克斯公司生产的一款主战坦克，是“挑战者”系列的第三种车型。1998年，“挑战者”2进入英国陆军及英国皇家苏格兰龙骑兵卫队服役。英国是坦克的故乡，进入21世纪，“挑战者”2成了亚瑟王的“新神剑”。

“挑战者”2坦克

“挑战者”2战斗全重为62.5吨，乘员4人，全长11.55米，全宽3.52米，全高（至炮塔顶）2.49米，车底距地高500毫米。

“挑战者”2的炮塔采用了新的设计，采用了第二代“乔巴姆”装甲，大大增强了防破甲弹和防动能弹的能力，炮塔的顶部防护进一步加强，但整个炮塔外形和“挑战者”1大同小异。

火力配置上，“挑战者”2的主炮为L30A1型120毫米线膛炮，管长为55倍口径。炮管采用电渣重熔钢、自紧工艺和身管内壁镀铬工艺，提高了身管的寿命。通过加大药室容积和对弹药的改进，火炮威力得到大大加强。所用的炮弹有尾翼稳定脱壳穿甲弹、碎甲弹和烟幕弹等。“挑战者”2的主炮还能发射一种CHARM3型贫铀弹，它具有更大的长径比和更高的穿甲威力，炮弹的弹药基数为50发。辅助武器仍为2挺7.62毫米机枪，1挺为L94A1型并列机枪，1挺为L37A2型高射机枪，而弹药基数为4000发。

“挑战者”2是参加过实战考验的主战坦克。最露脸的一次，恐怕要数2003年的伊拉克战争中的巴士拉之战了。英军第7装甲旅在巴士拉地区，经历了一次伊拉克战争中“最大规模的坦克战”，参战的坦克有伊军的近百辆T-55和几十辆“挑战者”2。尽管双方的坦克质量不是一个档次上的，但由于伊军的坦克占有数量上的优势，一时间压得英军坦克喘不过气来，处于且战且退的状态。在美英联军空军的有效支援下，英军的坦克最后才发起反攻，打退了伊军坦克的进攻，并击毁了伊军的七八十辆坦克，而英军的“挑战者”2未损失一辆。这一仗使“挑战者”2打出了威风。虽然是一场实力相差悬殊的较量，但不管怎么说，“沙漠之鼠”的第7装甲旅和“挑战者”2风光了一把。

众所周知，坦克的三大性能主要是火力、防护和机动性。“挑战者”2作为一款经典坦克，其火力和防护均是世界一流水平，然而由于自重较大，其机动性并不出色，这也是这款坦克为什么仅有两国装备的一个关键原因。与英国在二战后制造的大量外形奇葩的战斗机一样，“挑战者”2在现役坦克中也是一个奇葩的作品。

无敌“舰队”——T-14 主战坦克

在 T-14“舰队”（也音译为“阿玛塔”）主战坦克问世之前，俄罗斯陆军坦克部队的主战坦克依然是 T-90 坦克系列及其改进型 T-90AM，虽然引入了焊接炮塔、V-92 型大功率发动机、新型热像仪、新一代反应装甲和二代主动防御系统等诸多先进的子系统，但其本质上仍是第三代主战坦克，在设计上还保留了很多 T-72 系列坦克的痕迹，因此俄罗斯一直致力于发展自己的新式坦克。

T-14 坦克

乌拉尔设计局在T-95坦克研究工作结束后，由设计师安德烈·连多维奇·捷尔利科夫领导，开始了“舰队”装甲平台方案的研究，第一个技术方案于2010年春提交。2013年9月，T-14“舰队”主战坦克首次曝光于俄罗斯下塔吉尔举行的俄罗斯武器展上。2015年5月9日红场阅兵时T-14接受了检阅，名噪一时。

从外形上看，T-14与所有现装备的俄罗斯坦克和西方坦克都有显著不同，现代科技感十足，就像一艘“战舰”，充满科幻色彩。T-14战斗全重65吨，最高速度90千米/小时，最大行程500千米，配备了全新研制的X型12缸柴油涡轮增压发动机，功率可达1103千瓦。

火力配置上，T-14的主武器为一门125毫米滑膛炮，可以发射更高膛压新式弹药2A82-1M，能够使用APFSDS、HEAT等多种新式弹药，备弹45发，也可通用旧式弹药。最突出的亮点是采用了无人炮塔的设计，打破了传统主炮设计的局限，优势是由于没有人员，火炮上不必安装抽烟装置，也不必担心火炮后座对人员空间的影响，因此可以提高火炮身管结构强度，使用威力更大的弹药。

显而易见，在吸取了车臣战争教训后的俄罗斯，坦克工业对车组生存性这一概念产生了全新的理解，并且大量吸收了苏联时期遗留的先进技术，最终得到了T-14这一集大成者。有俄罗斯专家认为，T-14已经决定了未来30～40年世界坦克制造业的发展趋势，就如同数十年前苏联的T-34和T-64一样。总的

T-14 坦克

来说，T-14 在各项领域的能力都堪称强大，或许没有 195 工程、477 工程和 490 工程那么先进，也没有 T-90 那样便宜、皮实，但是，它完美地融合了苏联坦克工业的两种极端，将先进的技术与优秀的性价比集于一身，最终成为当之无愧的王者，也向世人证明，俄罗斯有能力将苏联时期辉煌的坦克工业继承下去并发扬光大。

外星武器——PL-01 隐身主战坦克

与人们熟悉的隐身飞机相比，“隐身坦克”是一个新鲜的说法。近年来英国和波兰科研人员的努力让隐身坦克成为现实。目前，波兰和英国联合研制的全世界第一款隐身坦克“PL-01”已经问世。

PL-01 是波兰防御控股公司与英国 BAE 系统公司联合研制的全世界第一款隐身坦克。PL-01 造型科幻，犹如外星武器，车组乘员为 3 人，重量 35 吨，车长约 7 米，车宽 3.8 米，车高 2.8 米，公路最高时速 70 千米，越野时速 50 千米，最长行程 420 ～ 450 千米。

PL-01 采用无人炮塔，弹药存储室有装甲防护，与车体内部隔离，主炮为 120 毫米口径，可发射北

PL-01 隐身坦克

约制式坦克弹药，备弹40发。外部为模块化的多层陶瓷芳纶装甲，损坏的装甲可以迅速更换，另外还将装备主动防御系统、自动灭火装置和核生化防护系统。

PL-01实现隐身的精髓并不在外观，主要在反红外探测方面。英国BAE系统公司专为PL-01设计了神秘的ADAPTIV隐身装甲，它由两部分组成，一是暗藏在车体各部的红外摄像头，二是覆盖在坦克外壳上的瓦片装甲，其表面温度能够调节。

PL-01外表铺设的六边形的瓦片装甲为硅材料，这种外表酷似“瓷砖”的高科技材料可实时调节坦克壳体以及周围环境的温度，基本可以做到与背景的温度相当，实现红外隐身，并模拟出其他车辆的红外信号。在该系统工作时，车载传感器可捕获坦克周围的环境参数，如温度、湿度等，计算出坦克壳体需要保持多少温度才能与周围环境“融为一体”，同时对车辆外壳温度进行调节，士兵只要触碰一个按钮就可以实现“隐身”。

PL-01还采用了多种高新技术手段对抗声光热等侦察手段，减小坦克被发现的概率。配合车体侧部特殊的隐身装甲，PL-01可以随意改变自己的红外特征，把自己从坦克变成一辆小轿车。它还具备吸收雷达波的功能，所以，即使是空中的战机或无人机，也难以发现配备ADAPTIV装甲的坦克。

除此之外，PL-01对可见光隐身也是军用隐身技术领域的一个突破。隐身的原理十分简单：主要是运用摄像机和投影仪，将坦克的背景环境拍摄下来，再把画面投射到经过改装的坦克身上。由于坦克外表用六边形的硅材料覆盖了反光外壳，投射的画面与背景融为一体，观察者很难从周围环境中分辨出坦克。

由于可见光侦察系统很难发现这种坦克，在地面战场对抗中，敌方可能要在“隐身坦克”已经非常接近，甚至开火后才发觉，这就大大提高了袭击的突然性，并使坦克的战场存活率大幅提高。

尽管“隐身坦克”看起来非常神奇，但这种隐身方法并不全面，在相当长的一段时期内注定发展难、破解易。军事隐身技术是针对侦察监视手段开发的，如采取外形设计和特种材料，实现对特定波段电磁波的隐身；采取特殊发动机设计、隔热材料和冷却系统，降低红外辐射；采取消音、减振设施，减少声学探测的可能。目前，还没有一种对各种电磁波（光线）和声音都能隐身的技术。一旦敌方采取战车声音侦测、战车无线通信侦测等多种手段，“隐身坦克”还是很容易露出马脚，虽然如此，PL-01 对于各国的震撼程度还是相当大的，不论是从外形还是技术层面看，都像是外星武器。

孤胆英雄——215号坦克

在中国军事博物馆里陈列着1辆T-34/85中型坦克，原隶属于中国人民志愿军坦克第1师，编号“215”。炮管上清晰可见的6颗红星，记载着这辆英雄坦克的辉煌战绩。在抗美援朝战争期间，该坦克先后击毁敌坦克5辆，击伤1辆，击毁敌迫击炮9门，汽车1辆，摧毁敌地堡26个，坑道和指挥所各1个，7次配合步兵作战。为表彰其战功，志愿军领导机关授予215号坦克“人民英雄坦克”的光荣称号，为全体乘员记集体一等功，车长杨阿如荣立一等功，获二级战斗英雄称号，陈文奎、师风山记二等功一次，徐志强记三等功一次。1953年10月，朝鲜民主主义人民共和国最高人民会议常务委员会授予车长杨阿如“二级自由独立勋章”。

T-34/85中型坦克由苏联哈尔科夫坦克厂生产制造，1940年1月装备苏军，有10种改进型号，最主要型号为T-34/76和T-34/85中型坦克。乘员5人，车长8.1米，车宽3米，车高2.74米，装甲厚度18～90毫米，战斗全重32吨，发动机功率368千瓦，最高时速55千米，最大行程300千米，装备85毫米火炮1门，7.62毫米机枪2挺。

在朝鲜战场上，1953年7月，中国人民志愿军开始了夏季反击战役。在石砚洞北山某高地上，敌人的3辆坦克威胁着志愿军的阵地，必须先拔掉这3颗钉子。这个光荣而艰巨的任务就交给了2排排长兼215号坦克车车长杨阿如。上级指示他务必在8日晚9点

30分之前消灭346高地上的3辆敌军坦克，配合步兵争夺石岘洞北山。7日夜里，杨阿如奉命率3辆坦克，冒雨开赴前线。前进的道路泥泞不堪，在距敌人1200多米的地方，215号坦克陷进了泥坑里，战士们迅速跳下车，进行抢挖，可是坦克还是一动不动。杨阿如及时向指挥所报告了情况，了解到215号的处境后，指挥所断然下达命令，陷在泥里也要打！这3辆坦克对反击部队威胁极大，在战斗发起前5分钟内必须消灭掉。接受命令后，他们当即决定，后边两辆坦克先退回去，由215号坦克单独承担这项艰巨的任务。此时，天色已晚，夜幕成了最好的保护网，大家分头找来了各种草木，用泥土将215号坦克隐蔽得像小山丘一样，战士们躲在坦克掩体里，对敌人的3辆坦克进行认真观察，次日度过了漫长的白天，敌人丝毫没有发觉。

黄昏时分，车长指挥215号坦克开火了，连续准确地射击，击毁敌人的M26坦克2辆，击伤1辆，完成了消灭敌人坦克的任务。趁着夜色，他们马上把215号坦克隐蔽起来。第二天，敌人的炮火更加猛烈了，硝烟和焦土笼罩着阵地。坦克上所有的窗门都关起来，偶尔只能打开驾驶窗，呼吸一点新鲜空气。无线电员、炮长、驾驶员相继昏倒。指挥所要求他们留下两个人，把其他人员撤下去。可谁也不肯离队。就这样全体乘员以顽强的毅力，坚守在215号坦克上，共同度过了生死攸关的两天两夜。

他们马不停蹄地开始紧张的炮击准备工作，驾驶

215号坦克

员陈文奎整理弹壳，炮长许世德检查弹头，预备炮长师凤山担任炮长射击。战斗打响了，师凤山以准确的技术，仅用了11分钟，以44发炮弹的代价，击毁敌M46坦克2辆，地堡12个，机枪巢3个，小口径炮3门。就这样215号坦克的乘员们在坦克陷入困境的情况下，不畏艰难、沉着应战，顽强坚持战斗3昼夜，并胜利地完成战斗任务，安全地撤回了后方。在英雄坦克的有力配合下，志愿军最终完全控制了石岘洞北山阵地，这是一次步兵和坦克的完美协同作战。

7

第二次世界大战后的装甲车

昔日装甲先锋——BMP-2 步兵战车

说起装甲车，就不得不提步兵战车。因为许多小伙伴都认为这两型武器装备是同一种型号，其实不然，步兵战车和装甲车，在用途上有很大的不同。步兵战车是和士兵协同作战的装备，而装甲车，它只是起到运送物质和人员的作用，今天就给大家介绍苏联的 BMP-2 步兵战车。

二战后苏联以装甲力量为核心的大纵深作战理论逐渐成熟，随之带来的问题是伴随坦克部队突击的机械化步兵装备还未成型，这时就要配备强化火力的全封闭的装甲车辆。有俄罗斯步兵战车“三兄弟”之称的 BMP-1、BMP-2 和 BMP-3，同时也是世界上第一批三代步兵战车就这样问世了。BMP-2 于 1976 年开始生产，分别在 1982 年、1985 年的红场阅兵式上向世人展示，其以“物美价廉”“结实耐用”而闻名全球。BMP 系列步兵战车曾创下世界上装备数量最多、装备国家最多的步兵战车的世界纪录。

BMP-2 车长 6.74 米、宽 2.94 米、高 2.07 米、重量 14.3 吨、最高速度 65 千米 / 小时、最大行程 500 千米、乘员 10 人、装甲厚度 33 毫米。以前置的发动机设计作为后部成员的防护盾，在大幅减重的情况下，防护性能依然出色。BMP-2 配备 UTD-20 柴油发动机，具备电点火和空气启动两种启动引擎方法，最大输出功率 211 千瓦，高扭矩输出使 BMP-2 具有出色的加速特性，并且相对较窄的履带使车辆可以轻松转向。

BMP-2 步兵战车

火力方面，BMP-2 配置 30 毫米高平两用机炮，直射射程 1000 米，可在 2000 米距离上对空中飞行的亚声速目标进行有效打击。该车有 4 枚红外制导的拱肩反坦克导弹，导弹采用红外自动跟踪、有线传输指令制导，有效破甲厚度 600 ～ 700 毫米，有效最大射程 4000 米，飞行速度 150 ～ 250 米 / 秒。

苏联曾将 BMP-2 投入阿富汗战场，20 世纪 90 年代初期伊拉克入侵科威特时也曾使用过该车。在阿富汗战场中，随着战争越演越烈，BMP-2 的装甲也有点不够用了，尽管 BMP-2 的装甲在面对步枪时已经足够好了，但阿富汗圣战者的重型机枪可以在非常近的距离内轻松穿透BMP2的16-18毫米的侧面装甲。为了应对这种情况，苏联开发了BMP2-D型，也被称为阿富汗型。BMP2-D在侧面加装了大面积的6毫米钢装甲侧裙，且与车体本身有6毫米左右缝隙，这样可以提前引爆部分穿甲燃烧弹，也可以抵御部分路边炸弹爆炸的冲击波。

BMP-2设计合理，在制造成本、吨位、技术性能方面都很有特色，一直到2008年，BMP-2生产线才正式停产，但仍有许多国家还在使用或者对其进行现代化改造。据统计，自问世以来，BMP-2及其改型车一共生产了33939台。BMP-2因成本低、便于维护保养，满足人员输送、战场侦察、战斗等多种任务需求，在20世纪70年代成为多国部队协同作战的必备神器。在某些方面，BMP-2可以被视为步兵战车中的T-72，BMP-2同T-72一样数量庞大，同样是重要武装力量的象征，虽然过时，但仍是守疆卫土的重要力量，不负装甲先锋的美誉。

英伦“小钢炮”——“萨拉丁”装甲车

英国是二战后最早下手研制轮式装甲车的，早在 1946 年 1 月，英国陆军就公布了装甲车研制计划，通俗讲就是第一个吃螃蟹的人。计划代号为 FV，包含 FV601“萨拉丁”装甲车、FV602 战场指挥车和 FV603“萨拉森”装甲运兵车三款轮式装甲车的研制。

1948 年 2 月，装甲车的研制由阿尔维斯公司展开，FV603“萨拉森”装甲运兵车是第一个被研发出来的，被驻扎在马来西亚的英军用来“镇压”此起彼伏的独立运动，用以缓解紧张的局势。所以一直到 1953 年 FV 系列的第一款“萨拉丁”原型车才制造出来。经过试验和调试，于 1956 年开始批量生产，近 1000 辆该类型战车先后装备英军。

顾名思义，名字不同战车各自的职能使命也不同，“萨拉丁”主打火力支援辅以战场侦察，战场指挥车以战场指挥、调度为主，“萨拉森”为运输兵力平台。FV601“萨拉丁”装甲车为 6×6 配置，重 11.6 吨，主体均由轧制钢装甲焊接而成，为全封闭设计，配有三防装置。相较于二战时期英国装备的装甲车，总体防护性有所提高，装甲厚度 13 ～ 32 毫米，能够抵御一般的轻武器袭击，正面装甲甚至可以抵挡住一次火炮的打击。

“萨拉丁”主炮为 76 毫米低压火炮，主炮备弹 42 发。辅助武器配有 7.62 毫米机枪，机枪备弹 2750 发。配置一台劳斯莱斯 B80 MK6A 八缸汽油发动机，最大功率为125千瓦，最高时速72千米。轻盈的车身加上火力强大的主炮，将其列为装甲车似乎有一点超限了。但作为首个轮式装甲车，在这个配置上也算是不错的一辆装甲车，不过按照英国人一贯不按常理出牌的风格，这点小小的超限配置倒也算不了什么。

此后，“萨拉丁”受到多个国家的青睐，澳大利亚、阿曼、斯里兰卡、科威特等国家先后引进，20世纪60年代后的所有战争和冲突都可以找到他的影子，

“萨拉丁”装甲车

尤其是在海湾战争时，“年近 30 岁”的“萨拉丁”装甲车依然在伊拉克战场之上驰骋，在 1990 年的海湾战争中，科威特曾用“萨拉丁”对抗伊拉克的机械化部队，都有可圈可点的表现。

“萨拉丁”装甲车是一款火力输出兼顾战场侦察的装甲车，可以理解成轮式轻型坦克。英国人主要将其用作侦察使用，但是在备受青睐并未装备主战坦克的中、小国家，作为火力输出的主力装备也是一种不错的选择，所以虽然它在英国陆军中并未有“高光”时刻，但在其他战场却表现得异常活跃，至今在洪都拉斯、斯里兰卡、印度尼西亚等国军队中“萨拉丁”仍然被继续使用。

坦克好搭档——M88 装甲救援车

作为“陆战之王”的坦克，在瞬息万变的战场上，也需要有并肩战斗的好搭档，这个好搭档就是装甲救援车。装甲救援车能在较短时间内对战伤、战损的坦克实施抢救、后送。下面就给大家介绍美国 M1 坦克的好搭档，M88 系列装甲救援车。

1956 年，74 式抢救车已经不能满足美国陆军的需求，美国陆军与联合防务公司（BMY）签订了开发 M88 装甲救援车的合同，M88 装甲救援车基于 M48 坦克研制开发，主要用于临时解决部队对救援车的需求。

M88 配备 AVSI-1790-6A 型 12 缸风冷喷射式汽油机，因合同要求，1973 年该车改用 AVDS-1790-2DR 12 缸柴油机，功率为 551 千瓦。改造后车辆定名为 M88E1，1975 年 3 月又定名为 M88A1。1984 年着手研究未来的动力装置等以适应抢救 M1 坦克的需要。M88 装甲救援车是一款专用救援车辆，主要服务对象为中型和重型坦克，用于战时对被击伤或故障坦克进行现场维修和抢救。首批 M88 装甲救援车 1961 年配备美国陆军，生产了超过 1000 辆，直到 1964 年最后停产，共计 1075 辆。

M88 的主体由轧钢装甲焊接而成，装甲厚度 50 毫米，能够轻松抵挡小口径武器和爆炸破片攻击。辅助武器配备有一挺 12.7 毫米机枪，备弹量 1300 发。这辆救援车车组由四人组成，包括指挥官、驾驶员、机械师和索具操作员。动力系统采用 AVI-1780-6 型汽油发动机，最大输出功率 721 千瓦，同时配备有艾里逊 HT-1400 变速箱。

M88 配备有主、副液压系统，其中辅助液压系统在主液压系统故障时提供临时动力。主要性能为：起重吊臂，最大起吊重量 23 吨；主绞盘最大拉力 40 吨，拉线距离 60 米；辅助绞盘拉力 22.5 吨，拉线距离 60 米；推土铲推力为 6 吨左右。

M88 在 60 多年的服役过程中，被实践证明是一款优秀的救援装备。除了作为装甲车辆的好搭档，这

正在作业的 M88 装甲救援车

款救援车还能够胜任一些辅助性工作，如在阿富汗协助当地军队修建防御墙，在伊拉克构筑防御工事，最为著名的萨达姆雕像就是被一台 M88 给推倒的。M88 系列作为一款经典的保障装备，也是很多国家发展自身保障救援车辆的重要参考。

在越南战争时，该车服役之后首次被投放战场，主要用于维修战时损坏的重型坦克，并协同坦克进行伴随式技术保障任务。在海湾战争、伊拉克战争和阿富汗战争中，也能看到该车的身影。

M88 系列装甲救援车能够对中、轻度受损坦克进行快速修复，使其在很短的时间内恢复战斗力，对于受损严重的，它也可以快速将其拖离战场，这就大大降低了坦克的战损率。有了这个好搭档的存在，坦克在战场上就没有了后顾之忧，达到了“轻伤不下火线”，重伤快速“治愈”重返战场的效果，这对于提高装备保障效率也有着举足轻重的作用。

沙漠骑士——M2 步兵战车

M2 步兵战车（布雷德利步兵战车）是 20 世纪 70 年代美国研制的一款履带步兵战车。1974 年 11 月开始战车的研制工作，1978 年 12 月完成首款试验样车的制作，1979 年 12 月命名为 M2 步兵战车。

直到 1983 年 3 月，第一批 M2 才开始装备美军。M2 为发动机前置式结构，车体由全焊接混合装甲制成，双人炮塔位于车辆中央，能 360° 旋转，发动机型号为康明斯 VTA-903T，配备波音公司的一门 M242 “大毒

M2 步兵战车

M2 步兵战车

蛇”25 毫米链式机炮和一挺 M240C 型 7.62 毫米机枪，炮塔左侧还配有“陶”式反坦克导弹。

动力方面，M2 采用康明斯公司 VTA-903T 型八缸四冲程涡轮增压 V 型水冷柴油机，最大输出功率 368 千瓦，匹配通用电气公司的 HMPT-500 液压机械传动装置，可以实现无级变速。

M2 主要用于步兵乘车高速机动，下车作战的概率很小。战车上的 25 毫米链式机炮和“陶”式反坦克导弹威力巨大，据称在伊拉克战争期间，该战车击毁的伊军装甲车辆比 M1 主战坦克还要多。根据实验，其发射的尾翼稳定脱壳穿甲弹可以击穿 BMP-1/2 步兵战车的主装甲，甚至在连续射击的情况下，也可以击穿 T-55 坦克装甲。另外，战车上的“陶”式反坦克导弹在其有效射程内曾击毁了数量不少的伊军 T-72

主战坦克。

2003 年，在第二次海湾战争中，美军集结第 3、第 4 机步师和第 1 骑兵师，共计约 1000 辆 M2，在代号为“自由伊拉克”的陆地战中，由 M1A1 主战坦克和 M2 步兵战车组成的装甲部队，以每天 150 千米的速度进行闪电突击，只花了 3 周左右就占领了伊拉克全境。2003 年 4 月 5 日，美军出动 1 个加强连规模的机械化分队，4 月 7 日出动 1 个营规模的机械化分队，光天化日下开到处于伊拉克政府军控制的巴格达市内伊拉克政府中枢机构所在街区，彻底击垮了伊军，于 4 月 8 日占领伊拉克首都巴格达。

M2 作为一种重型战斗装甲车辆，既可独立作战，也可协同坦克作战。金无足赤，人无完人。M2 在实战中也暴露出致命的短板，由于没有激光测距机，有效命中目标的精度大受影响；没有敌我识别装装置，容易被友方火力误伤；没有导航定位系统，在沙漠地区作战时难以准确判定方位等问题比较突出。因此，自 M2 服役以来，美国国会和舆论界的质疑声一直不断。

小巧玲珑——“鼬鼠”空降装甲车

空降装甲车辆的设计要突出一个“轻”字。各军事强国展开军备竞赛，都在努力解决空降装甲车重量问题，比较出名的有全重15吨的美国M551“谢里登”轻型坦克，重量仅8吨的英国“蝎”式超轻型坦克。但走在最前列的是德国人，德国人把减重做到了极致，成功研发出了世界上最轻的空降装甲车，这就是“鼬鼠”空降装甲车。“鼬鼠”空降装甲车是德国军方委托保时捷公司专门为特遣空降部队研制的装备，1983年第一款样车制造完毕。生产工作则由当时的马克公司负责，1989年第一批345辆交付德国陆军使用。

根据安装武器的不同，该车分为机炮型和导弹型两种。其中机炮型的炮塔上装1门机炮，导弹型安装“陶”式反坦克导弹。空降装甲车对尺寸和重量都有着严格的限制，“鼬鼠”车体长3.26米，宽1.8米，高1.9米，战斗全重约2.8吨。由于受到重量限制，“鼬鼠”的防护力并不强，只能抵挡轻武器射击和炮弹破片，只能说是“了胜于无”。

在动力方面，出于尺寸及成本的考虑，“鼬鼠”发动机为奥迪2.1升五缸直列式涡轮增压柴油机，最大功率63千瓦，最高公路速度75千米/小时，越野速度25～30千米/小时，最大行程300千米，可在类似泥沙等松软的地面上畅通无阻，也可借助浮渡设备渡过各类水障碍。正是由于“鼬鼠”的体型较小，可以通过直升机进行空运或者吊运或利用运输机空

“鼬鼠”空降装甲车

运、空投。德军主要还是用CH-53重型直升机进行空运作业，一架CH-53可以完整装下两辆“鼬鼠”。

“鼬鼠”也被用于城市反恐演习中，比一般SUV大不了多少，可以在保持城市正常交通秩序的情况下，做到快速部署，达到“闹市反恐，秋毫无犯”的水平。

总体上看，“鼬鼠”是一种很有自身特色的空降装甲车，最大特点是机体轻小，灵活方便，主要缺点是装载量少，步兵携带能力低，在作战中必须和步兵密切协同才能生存，步兵要想尽办法跟上“鼬鼠”的机动才行，这个问题在一定程度上也限制了它的使用范围。

独领风骚——“狐”式装甲侦察车

在20世纪60年代中期，联邦德国就提出了研制轮式装甲车的计划。随着1970年戴姆勒-奔驰公司方案的中标，代号为“TPz-1轮式装甲车”的研制工作正式更名为“狐”式装甲运输车的研制。随后联邦德国又将生产权转由蒂森-亨舍尔公司进行，从1980年到1986年，蒂森-亨舍尔公司共为联邦德国军方生产了996辆“狐”式装甲运输车。

“狐”式装甲侦察车是“狐”式装甲运输车的变种型号。车体为全焊接钢装甲结构，设计有出色的防弹外形，对轻武器弹药有一定的防护能力。该车为6×6驱动型，发动机为OM402A型V型8缸涡轮增压柴油机，最大功率235千瓦，变速装置为6HP-500型自动变速箱。“狐”式装甲侦察车的最高速度105千米/小时，最大行程800千米。车底距地高45厘米，有较强的越野能力。

该车水上航行能力也很强劲，依靠车体后部的两个水上推进器，最高航速可达10.5千米/小时。鉴于良好的密封性，将车首的防浪板展开后，“狐”式装甲侦察车可以不经准备直接下水航行。同时在车体最低处安装的排水泵可确保水中航行万无一失。

“狐”式装甲侦察车车内工作电压为24V，配有4块蓄电池，可以保证随车配套设施正常工作，保障乘、载员在车内连续战斗24小时而不会特别疲劳。火力配置上，车体前侧装有1挺7.62毫米机枪。根据需要，也可在车舱顶部的舱门上配置弹药基数为150

“狐”式装甲运输车

发的 20 毫米机炮。

1990 年爆发的海湾战争中联军急需一批三防侦察车，使“狐”式得以出尽风头，美国、英国与沙特军队向蒂森 - 亨舍尔公司提出订货。“狐”式累计生产总数为 1300 多辆，其中 1175 辆由德国装配。出口的车型中，主要是三防侦察车，其中美国 185 辆、英国 11 辆、沙特 36 辆、荷兰 23 辆、委内瑞拉 10 辆，以色列及土耳其也有部分订单。

在海湾战争时，德国蒂森 - 亨舍尔公司的工程技术人员对三防侦察车采取伴随保障，期间使得“狐”式装甲侦察车的可用性达到了惊人的 90%。在历时

42 天的海湾战争中，出动的这些“沙漠之狐”一共行驶了 30 多万千米，实践证明了其可靠性和可用性，由此深得多国部队官兵的青睐。在 2003 年的伊拉克战争中，美国根据“狐”式改装的 M93 三防侦察车在战场上也有不俗的表现。“狐”式三防侦察车上，装上了高精尖的便携式质谱仪、核辐射自动探测仪、神经性毒剂报警器、取样机械手等，再加上有性能可靠的底盘，使它在现代化的核生化战场上独领风骚，成为“狐”式装甲车系列中的一颗耀眼的明星。

综合来看，“狐”式装甲侦察车在当时的国际环境下，得到了众多国家的青睐，独领风骚，不负其名。

战争野兽——南非“蜜獾”轮式步兵战车

南非，被称为“黄金之国”“钻石之国”。100多年来，南非生产的黄金在4万吨以上，占人类历史上黄金总产量的五分之二。南非还是一个新兴的工业国，在非洲国家中算得上是“大哥大”。在武器装备的研制上，南非也很有特色，重视发展轮式装甲车辆，最具代表性的就是“蜜獾”轮式步兵战车。

首先讲一下蜜獾，鼬科獾形动物，因喜食蜂蜜而得名。蜜獾栖息在非洲和亚洲南部的森林里，身体健壮，皮厚，成年蜜獾体长60～77厘米，尾长20～30厘米，喜欢穴居，夜出觅食，食物以小动物、果实和蜂蜜为主。蜜獾力气大，胆子大，但能人工驯养。可能南非人拿蜜獾当一种宠物，所以才拿它来命名一种独立研制的步兵战车。

1968年，南非军方和桑多克-奥斯特拉公司签订了一项轮式步兵战车的研制合同。军方要求，这种步兵战车要具有良好的装甲防护性和越野机动性，越野行驶的距离要长，还要有很好的可维修性和部件通用性，而且采购价格要低廉。该公司根据这一要求，于1974年7月设计出第一辆样车。1976年，第一辆正式生产型车出厂，命名为“蜜獾”1型，装的是20毫米机炮，也称“蜜獾”20轮式步兵战车。1979年生产的称为“蜜獾”2型，装的是90毫米火炮。最后生产的为装甲输送车型，命名为“蜜獾”3型，主要武器是1门60毫米迫击炮，也称为“蜜獾”60轮式步兵战车。

“蜜獾”的生产一直持续到1987年初，生产总数约1400辆。其中，南非军队装备1243辆，摩洛哥军队装备60～80辆，约旦军队也装备了“蜜獾”20步兵战车。“蜜獾”从1980年起就参加了南非对安哥拉的战争，是世界上最早经过实战考验的步兵战车之一，比两伊战争中参战的BMP步兵战车要早些。

“蜜獾”车体正面装甲厚度20毫米，可防12.7毫米机枪弹；其余部位的装甲厚度6～10毫米。炮塔两侧后部各有2具烟幕弹发射器，口径81毫米，由车长或炮长发射。车内无三防装置。

动力方面，配置D3256BTXF型直列6缸涡轮增压柴油机，最大功率207千瓦，最高速度105千米/小时，最大行程1000千米，最大爬坡度31°，越壕宽1.2米，涉水深1.2米，无水上航行能力，机动性相当不错。

“蜜獾”步兵战车

总的来看，“蜜獾”是一款很有特色的步兵战车。它的突出特点表现在：开创了轮式步兵战车的先河、步兵战车上装“大炮”、动力传动装置后置、最大行程远、弹药基数高、采购价格较低等。所有这些都表明，尽管“蜜獾”和当代世界上顶级的步兵战车相比不算很先进，但它很实用，特别是对南部非洲地区来说更是如此。

英伦重甲骑士——“武士”步兵战车

1980年6月，英国议会对英军新一代装甲车发表以下声明：英军现装备的FV432装甲运兵车20世纪60年代以来一直在服役，自80年代中期起必须更换。可供换代选型的车型考虑有两种：一是英国GKN-桑基公司设计的MCV-80；二是美国的步兵战车，如果选中可在英国特许生产。

经过对战术使用、支付能力与生产工艺等方面因素的仔细研究，议会决定选用MCV-80以满足军方要求。整个换代计划的全部经费预定为10亿英镑，并要求立即开始全面研制。

1985年，MCV-80正式命名为“武士”，尔后相继在约旦、科威特、沙特阿拉伯和土耳其进行过演习和鉴定。1985年6月，英国国防部宣布与GKN公司防务分部签订了分3批生产该车的合同，总数为1048辆。

“武士”全重24吨，附加装甲加上以后为28吨，战车采用与“挑战者”主战坦克同系列的“秃鹰”柴油发动机，最大功率410千瓦，与发动机匹配的是艾里逊X300-4B四速自动变速箱、液压无段式动力辅助转向，使得“武士”拥有极佳的机动能力，最大爬坡度31°，最大涉水深度1.3米。

“武士”的车体中央有1座双人炮塔，装备1门30毫米机炮（备弹250发）和1挺7.62毫米同轴机枪（备弹2000发），炮塔两侧各有1台“陶”式反坦克导弹发射器。该车的装甲以铝合金焊接为

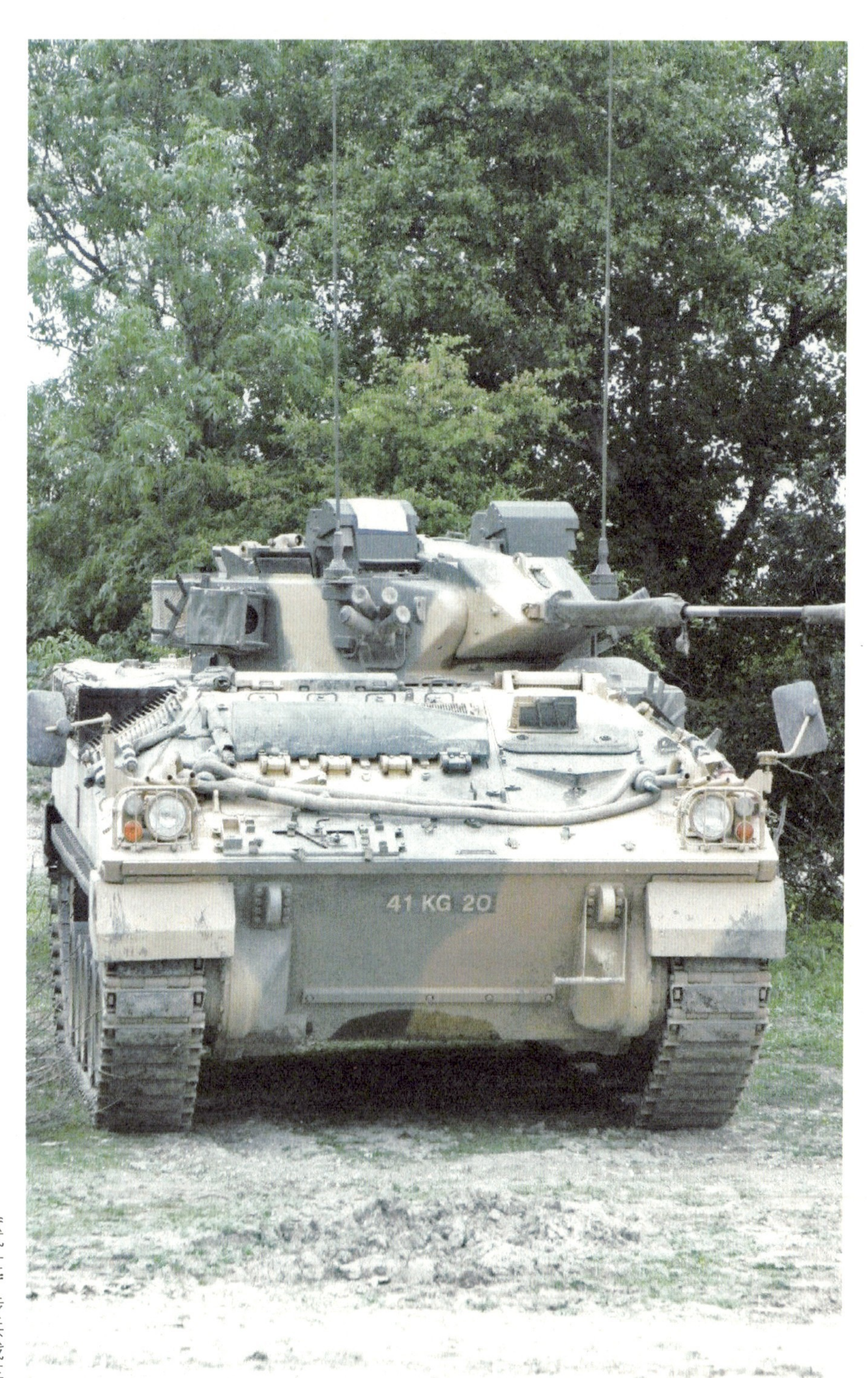

“武士”步兵战车

主，能抵挡 14.5 毫米穿甲弹以及 155 毫米炮弹破片的攻击，并拥有核生化防护能力，核生化防护系统为全车加压式，同时考虑到了长时间作战下的人员需求。

1991 年海湾战争和 2003 年伊拉克战争，“武士”都有参加。海湾战争中，英国第 7 装甲旅装备了 69 辆步兵战车，在经过 96 小时 300 千米的长途行军后，所有战车都能投入战斗，表现了极高的可靠性。在损失的 3 辆步兵战车中，其中 2 辆是被美国的 A10 攻击机误击，这从侧面表明了“武士”的生存率。

“武士”的最大特点是载员不能在车上战斗，他们只能下车战斗！世界潮流是车载步兵可以通过步兵战车上的射击孔对外射击，英国人是干脆一个射击孔都不留，步兵下车作战，这与强调战场高生存率的世界步兵战车设计主流格调完全不同。因为它在中东战争中的表现良好，为它增加了一些国际订单，包括英国人自己在内，“武士”生产总数才 1000 多辆。这对于“武士”来说也算是差强人意吧。

经典坦克战役

坦克的诞生之战——索姆河战役

索姆河战役是第一次世界大战中规模最大的一次会战，时间发生在1916年6月24日至11月18日，英法联军为突破德军防御并将其击退到法德边境，在位于法国北方的索姆河区域实施作战。双方伤亡共计130万人，是一战中最惨烈的阵地战，被后人称为“索姆河地狱”。在此次战役中，英国将Mark Ⅰ型坦克投入战场，这也是人类历史上第一次把坦克投入实战中。

1916年，经过此前的阵地战、闪电战后，英法联军和德军进入战争的僵持阶段。为突破德军坚固的防守，开展较为灵活的运动战，缓解在凡尔登方向对法军的进攻压力，英法联军开启了声势浩大的战略反攻，正式打响索姆河战役。

在索姆河上游盆地，德军构筑了当时最坚固的防线。重要的阵地布满了坑道工事，阵地前放置了铁丝网。德守军是德2军团，防御面共有58千米的宽度，第一线部署了9个师，预备队部署了4个师，之后兵力渐渐提高为67个师。英法联军层面此前计划由法军任主攻，但考虑到在凡尔登战役时使用了大量的法军兵力，后将英军作为主力。最开始投入了39个师的兵力，其中英军25个师，并且在索姆河北岸卡尔诺之北区域进攻，正面共25千米；法军第6军团14个师，在英军右侧进攻，正面进攻15千米。

英国为此次战役做了充分的准备工作，其首先进行了为期7天的轰炸，主要就是为了尽量摧毁德军阵

索姆河战役

地的战壕、铁丝网、大炮。之后索姆河战场快速进入到“人肉磨坊”阶段，最激烈时期，一个成建制的部队进入战场后不足三天即被消灭。但由于此次战役对交战双方都十分重要，英法联军和德军都不愿意输，最后只能持续规模派兵血拼。索姆河战役共历经了5个月的时间，此次战役在11月18日结束，英法联军和德军在这场索姆河大决战中，两者伤亡数量达到了133万，英法联军在此次战役有79.4万人伤亡，德军在此次战役中有53.8万人伤亡，平均一天战场的死亡数量为8693人。按照当时战地记者公开的数据，在该战役斗争最激烈的时期，1天可死亡数万人，但遭受巨大的伤亡后，阵地才推进短短的几米。

索姆河战役为何这样惨烈，从武器装备的角度分析，在此次战役中出现了马克沁重机枪和 Mark Ⅰ型坦克 2 种杀伤力大的新式武器，是造成人员伤亡较大的一个重要原因。9 月 15 日德军士兵和之前一样设置好机枪，试图迎接英军新的进攻，突然响起了轰鸣声，混杂了磨损履带机械的声音慢慢传来，德军士兵目瞪口呆，他们此前从未见过的黑色钢铁怪物出现在眼前。其为通过钢铁铆钉拼接的机器，两条履带从底部环绕至头顶，两端还设计了火炮以及机枪，履带越过弹坑后直接压倒了此前难以跨越的钢丝网，怪物对外发射火炮，将德军打得连连败退。

英军第一次使用新式兵器——坦克（共 49 辆坦克，实际参战仅 18 辆），配合步兵进攻，推进了 4～5 千米。这是战争史上第一次使用坦克，对守备方的德国步兵产生了心理震撼，使他们放弃阵地不战自退。当日，英国在坦克的帮助下，仅使用 21 师的兵力，在 10 千米宽度内分散攻击，用 5 个小时将阵地向前推进 5 千米。这一战役获得的战果以往要耗费几千吨炮弹，牺牲几万人才能取得。更夸张的是，有一辆坦克并没有开火就抢占了一个村落，另一辆坦克顺利通过堑壕，且抓捕了德军 300 名士兵。

索姆河战役是第一次世界大战中典型的、双方伤亡皆极为惨重的阵地战。特别有意义的是，此次战役真正拉开了坦克之战的序幕，虽然在该战役中坦克尚未发挥出更改战局的功效，但已显露出其战场上巨大的优势，索姆河战役也因坦克的首次出现而被载入了史册。

陆战之王的觉醒——康布雷战役

坦克在索姆河战役旗开得胜之后，英国军方喜出望外，将坦克视为击败德国的利器，但几个月后的康布雷战役，英军集中几百辆坦克攻击德军却先胜后败，这是为什么呢?

索姆河战役后，英国在 Mark Ⅰ型坦克的基础上，制造出 Mark Ⅱ型、Mark Ⅲ型、Mark Ⅳ型和 Mark Ⅴ型等几款改进型号，其中 Mark Ⅳ型坦克性能出众，生产数量最多，逐渐成为英军的主力装备。

康布雷位于法国北部，是通往法国首都巴黎的咽喉要道，位置十分重要，而且该地区土地平坦开阔，适合坦克作战。德军在康布雷的防御兵力有 6 个步兵师，共设置了 3 道防线，防守十分严密。英法联军先后发动过多次攻击，都被德军击退。多次失败后，英国陆军决定再给坦克兵一次考验的机会，集中使用几百辆坦克突击康布雷。由此，人类战争史上第一次大规模使用坦克的战役拉开了帷幕。

11 月 19 日夜间，英军将 476 辆坦克部署在 12 千米宽的进攻正面上。第二天早晨 6 点，英国坦克在炮兵和飞机的掩护下，以 3 辆为一个小组，间距 100 ～ 200 米组成三角作战队形发起突击，大批步兵随后跟进。

德军面对铺天盖地的英国坦克，大部分士兵放弃阵地落荒而逃，仅仅 10 个小时，英军就突破了德军 3 道防线，俘虏德军 8000 余人，缴获火炮 100 余门、重机枪数百挺。英军依靠战役前期出色的谋划和坦克在战场上作用的发挥，在该场战役中获得的阵地比维持了 3 个月时间的第三次伊普尔战役中获取的阵地里数还要多。

虽然英军依托坦克获得了显著的成功，但也付出了巨大的代价。仅在 11 月 20 日这一天，就有 65 辆坦克被击毁，114 辆坦克出现故障或者倾覆在壕沟，这使得英军后续持续进攻能力大幅衰落。大量坦克战损的原因是英军在步兵和坦克协同作战方面存在极大的问题。例如，进攻弗莱斯基埃村的英军中央方向部队指挥员担心步兵距离坦克太近容易成为敌方火炮的靶子，要求步兵在距离坦克 150 码外远远跟进，这种步坦协同方式使得步兵难以及时跟进坦克，使得己方

坦克孤军深入敌阵。防守的德军第 54 预备步兵师之前进行过专门的反坦克训练，知道如何使用步兵从坦克的火力死角靠近并摧毁坦克，德军以这种方式消灭了大量的英军坦克后，英军步兵才姗姗来迟。在战斗中，甚至出现一名德军先后独立损毁了 9 辆英军坦克后，才被英军赶上的步兵击毙。

在战场整体态势上，英军在两翼取得了重大突破，但中央进攻却始终难以打开局面。使得英军战线内形成了一个德军的突出部，英军在短时期也难以拿下该处，造成英军抢占康布雷的希望直接落空。不管怎样，英军在这一天内推进的距离打破了过去数年的记录，还获取了大量的敌方俘虏，击毙的德军更是不计其数，这对英军而言仍旧是一场空前大捷，消息传到达英国之后，伦敦所有的教堂都鸣响大钟来庆祝英军在康布雷的胜利。

然而，英军这次战役的胜利也就到此为止了，由于没有后备军，难以继续前推战线，英军逐渐放缓进攻脚步，战役陷入了胶着状态。11 月 29 日，英军由进攻转入防御作战。德军在获得大量增援后，逐渐由守转攻。11 月 30 日，由 12 个师、1700 门炮、1000 多辆飞机共同组建反突击团队大举进攻，最终收复了大量的失地，共俘虏英军九千多人，收缴 100 辆坦克、148 门炮和 716 挺机枪。

12 月 7 日，此次战役结束。德军和英军分别损失了 4.1 万和 4.3 万人，此次战役以英军进军开始，德军反击结束，开创了战争全面使用坦克的先例，开创了规模化运用坦克进行战争的序曲。

步坦协同的典型战例——哈梅尔之战

1918 年 7 月 4 日爆发的哈梅尔之战，是协约国军队采取的一次步坦协同作战。

1918 年春季，德军在西线发动的孤注一掷的大攻势逐渐平息后，交战双方对峙战线发生了新的变化，在弗兰德斯地区的英军战线上，德军向前打出了一个突出部，突出部中心就是距离亚眠不远的法国小村哈梅尔。这个德军战线突出部对于协约国阵地来说如鲠在喉，时刻威胁着协约国军队。从 5 月开始，协约国就计划夺回哈梅尔，但相关准备一直不成熟。直到 6 月，协约国制定了周密的作战计划，将夺回哈梅尔的任务赋予了由约翰·莫纳什中将指挥的澳大利亚远征军。莫纳什是一位多兵种联合作战理念的早期倡导者，他认为应该充分利用战场上的机械化手段协同步兵完成作战任务，尽可能地减少战斗中步兵牺牲的数量。1918年，各类装备发展非常迅速，野战炮、机枪、飞机大量装配部队，协约国也生产出了速度更快、装甲更厚、作战能力更强的 Mark Ⅴ型坦克，已经初步具备了支撑联合作战的基础。

受领任务的莫纳什开始制订作战计划和进行战前准备，首先他针对兵力不足的问题，协调补充了美国远征军第 2 军第 33 师的部分兵力，又协调了配备 Mark Ⅴ型坦克的英军第 8 营和第 13 营作为辅助。之后，莫纳什开始组织了联合训练，尤其重点加强了坦克和步兵、炮兵的协同训练。在完成这些准备之后，7 月 3 日 23 时，战斗打响。英国和澳大利亚军队的

哈梅尔之战

飞机向哈梅尔的德军阵地投下了1000多枚炸弹。参战的坦克部队在夜色和空袭的掩护下从树林中藏身的位置开出，行进5千米后到达攻击发起位置集结待命。7月4日3时，莫纳什指挥炮兵开始了火力打击，313门大口径重炮和326门野战炮开始了齐射。在烟幕弹的掩护下，坦克和步兵开始了进攻，战前协同训练的成效也逐渐显现出来。协约国军队坦克和步兵将进攻速度控制在了每3分钟推进100米，炮兵按此节奏始终将火力打击到本方部队前面200～300米。此外，莫纳什还将坦克置于步兵指挥官的控制下，由步兵营连长根据战斗进展，调动所属坦克作战。有效的协同使得协约国军队推进非常顺利，他们以非常小的伤亡换取了长距离的推进。

在第 16 营攻下了哈梅尔郊外的树林后，协约国军队各部暂停了攻击，他们进行了 10 分钟左右的休整，将 30 辆坦克集中起来，准备对哈梅尔展开最后的攻击。随后，坦克部队凭借机动和火力优势快速突破了德军防线，很快就攻下了哈梅尔。从进攻开始到最后夺取哈梅尔，协约国军队仅用时 93 分钟。

5 日 22 时，德军开始了反击，德军先是在炮击中使用了高爆弹和毒气弹，之后派出步兵分队实施突击，他们在哈梅尔以东澳军第 44 营处打开了一个宽 200 米的缺口。澳军第 43 营和第 44 营很快实施了反击，重新夺回了失地。之后，德军在其他地段的规模有限的反击也都戛然而止。

在历时两天的战斗中，澳大利亚和美军共有 1400 余人伤亡，战斗中有 5 辆坦克受损，但后来全部得到修复，这样的战损以一战的标准看是非常小的。而德军共有 2000 多人伤亡，1600 余人被俘。此外，澳军还缴获了 32 门迫击炮和 177 挺机枪，取得了非常大的战果。

Mark Ⅴ型坦克在战斗中表现也极为优异，机动性的提升使得该型坦克更容易短距离变向，除了利用火力打击外，还可以机动碾压地面火力点，在哈梅尔战斗中，Mark Ⅴ型坦克最少干掉了 200 个机枪点。

哈梅尔之战成为一战末期步坦协同取得胜利的典型战例，虽然战事规模不大，但在战术层面验证了联合作战的威力，也证明了坦克在攻坚作战中强大的威力。

一战最大规模的坦克战——亚眠战役

亚眠战役是第一次世界大战后期英法军队对德军发起的一次进攻战役。协约国制定亚眠战役计划，主要目的是清扫亚眠地区的德军，降低对巴黎亚眠铁路的威胁。挑选亚眠，是由于该地区是法国的重要交通枢纽，横亘在法国大陆上的铁路干线正好穿越亚眠。德国人一旦抢占了亚眠，就可以直接控制法国铁路大动脉，就像是给法国人套了绞索。

英法联军集结了法国第1集团军和英国第4集团军，将预定突破区域定在莫朗库尔以及布拉什的32千米宽度的正面前线。德国在亚眠区域只有第1集团军，在交战力量上协约国占据优势。英法联军在1918年8月8日开始落实炮火打击，在炮火的掩护下英法坦克对德军阵地展开攻击，随后大量的步兵持续跟进攻击。英法联军在一天内将德军纵深防御向前推进了11千米，累计消灭28000名德国士兵，俘虏敌军15000余人，损毁敌方400多门火炮，此次战役成为协约国继马恩河战役以后最伟大的一场胜利。

虽然英法联军取得了8日战役的重大胜利，直接导致德军遭受巨大损失，但在战役过程中仍存在诸多问题。例如，联军在骑兵和坦克的协同上配合不默契导致了重大损失。战斗中联军采用骑兵和坦克协同的进攻方式，但在实际战场上，骑兵速度快，使得原本应由坦克掩护骑兵进攻，演变为骑兵掩护坦克进攻，造成大量骑兵和坦克被德军先后消灭。

在8月8日协约国获得重大胜利之后，持续投入

亚眠战役

兵力以巩固领地。8 月 9 日，法国第 1 集团军全部投入战斗，但由于战役前期坦克的大量损耗，进攻强度也逐渐降低。8 月 13 日，英法联军在 75 千米的区域正面向前推进了 10 ～ 18 千米，完成了预定任务，亚眠战役结束。

亚眠战役中，尽管协约国并没有全部歼灭德军，但其完成了协约国联军总司令福煦战前制定的作战计划，直接消除了德军对巴黎和亚眠铁路的威胁，对德军产生较大打击，导致德军防线越来越不牢固，士气越来越低。德国著名将领鲁登道夫将这一天称为“德军最不幸的时刻”。亚眠战役后，协约国逐渐掌控了战场上的主动权，此后德军节节败退，亚眠战役也成为了德军失败的开端。

二战的前奏——西班牙内战

1. 战争背景

20 世纪 30 年代，西班牙社会矛盾激化，政府机构变革失败，左右翼分子互相拆台对抗，使得对立走向战争，最终在右翼分子的设计下激起了国内战争。战争对立双方为政府武装与人民阵线左翼联盟对抗西班牙国民军、长枪党等右翼集团；苏联和墨西哥等国家支持政府和反法西斯人民阵线左翼联盟，德国、意大利和葡萄牙大力援助国民军等右翼集团，内战双方背后的势力也展开了无形的较量。

2. 战争过程

1936 年 7 月 17 日，西班牙北部发生军事叛乱，叛乱很快蔓延到西班牙全国，政府军和国民军冲突激烈，西班牙内战就此爆发。此后 3 年，西班牙高层势力中的投降派频繁活动，导致反法西斯人民阵线和共和政府军的战场形势急转直下，节节败退。1939 年 2 月 27 日，英、法政府宣布承认国民军政权，断绝与西班牙的外交关系。28 日，叛军和干涉军进入马德里和巴伦西亚，建立了独裁政权，取得了战争胜利，至此西班牙内战结束。

3. 战争中的装甲战例

1936 年 7 月，西班牙持续多年的动荡局势最终演变为一场残酷血腥的内战，交战双方都得到了外部势力的助力：国民军得到德国和意大利的支持，而政府军也获得了苏联的援助。上述国家都将这场内战当作未来战争的试验场，德国和意大利向国民军提供了 150 辆 1 号坦克和 149 辆 CV33 轻型坦克，苏联向政府军提供了86辆BT-5等型号快速坦克和74辆T-26型坦克，内战双方都先后组建了装甲部队。

1936年10月21日，国民军战斗坦克连在纳瓦卡雷诺战役期间首次参战，政府军部队显然对于坦克的冲击没有防备，几乎没有做出实质性抵抗就被击溃了，国民军没有损失一辆坦克。10月24日，战斗坦克连在布尔戈斯和塞瑟纳附近首次与政府军的T-26坦克遭遇，发生了短暂的激战。由于T-26坦克装备一门45毫米坦克炮，火力远强于只有机枪的CV33/35，交火后不久就有3辆CV33/35被击毁，政府军借助坦克优势取得胜利。

在随后的内战中，意大利干涉军和国民军都发现CV33坦克武器口径小、威力不足的弱点，无论火力还是防护都不是政府军苏制T-26、BT-5的对手，无法胜任坦克交战。为取得战争的胜利，意大利干涉军和国民军研究了相应的战术以弥补性能上的缺陷，如等待

德国1号坦克

敌军装甲车进入坦克机枪有效射程后再突然开火等。

1937年8月，意大利干涉军向港口城市桑坦德和奥维多发起进攻，并运用了步坦联合攻击战术。从8月14日起，意军出动3个步兵师，以2个坦克连为先锋展开攻势，在付出巨大代价后，意军在8月15日攻占埃斯库多山口。次日，一个意军坦克连在一个摩托化机枪排的掩护下夺取了阿利加，意军最终利用坦克战术克服了坦克劣势取得了此次战役胜利。

4. 战争结果

西班牙内战是第二次世界大战前世界民主进步力量同法西斯势力的一次大较量，其结果是人民阵线领导的共和国政府被颠覆，国民军在德、意法西斯庇护下建立了法西斯专政政权。同时，战争背后是苏德对未来战争的试验，这场战争中，苏联人认为，坦克战车必须与步兵通力协作才可以达到极好的实战效果，大面积采用坦克战车战斗在理论上不可取。毕竟如果坦克战车缺乏步兵的协同作战，就会导致参战的坦克全都裸露在敌军反坦克炮的炮火下。德国人认为，以坦克部队为关键性力量，制空权为前提，不顾侧翼暴露的危险，向敌军后方快速、大胆穿插袭击，充分利用坦克的机动性，以突袭方式制敌取胜。

双方对战争复盘的结论使得苏联放弃以坦克为核心的机械化军，并撤销现有的全部机械化装甲部队；德军则进一步肯定了装甲部队的重要性，从而快速发展机械化装甲军。此后，通过二战中苏德的战争结果来看，德国的结论是正确的。因此，西班牙内战双方背后的对决，是德军获得了胜利。

装甲战的典范——诺门罕战役

1. 战役背景

由于地缘政治上的冲突，日俄在近代曾多次开战。1935 年起，日本关东军在中蒙边境的部队，便以两国历史留存下来的“国界”问题为托词，逐渐在中蒙国界区域做出挑衅性行为，企图试探苏联和蒙古的军事实力。从 1935 年 1 月至 1938 年 10 月，共发生多次军事冲突，规模逐步升级。诺门罕战役虽然起因于日军和外蒙军为诺门罕以西直至哈拉哈河这块呈三角形区域的管辖问题，但战役爆发的真正原因是日本扩大侵华战争所需要的一种策略，以打击苏联来诱使西方国家持续实施绥靖主义政策。

2. 战役经过

1939 年 5 月 4 日，震惊世界的诺门罕战役拉开了序幕。日本关东军决定首先在诺门罕一带进攻蒙古人民共和国，占领其东部的领土哈拉哈地区，当作接下来进犯苏联的战争哨点，以期完成谋划已久的“北进计划”。

双方从 6 月 22 到 24 日，在诺门罕地区大战 3 天，近 60 架飞机被打落在草原上。此后，苏军飞机不断增多，而且出现新型战斗机，日军则逐渐丧失主动权，处于被动挨打的地位。

7 月 23 日，在诺门罕前线经过半个月整训的日军各部队，在关东军司令部的统一指挥下，集中约 25000 名士兵，82 门火炮发动全面攻击。次日，苏军相继展开反攻，日军被迫撤回原阵地。25 日，关东军司令部下达“停止进攻，构筑阵地”的指示。

诺门罕战役

8月20日，苏联发起了总攻战役。日军完全没有料到苏蒙军会发起全面进攻，这一天刚好是周末，不少将校军官都到海拉尔去休假。苏蒙军完全是在日军毫无准备的情况下发起进攻的。

9月3日，日本参谋本部向关东军下达了第三四九号大陆令，命令关东军终止攻势作战。为时135天的诺门罕战役以苏联获胜结束。

3. 战役中的装甲战例

1939年5月，日本的关东军向苏蒙联军发动了诺门罕战役，16000人的部队在轰炸机的掩护下从伪满洲发起了进攻。战役爆发后，骄横的日本根本没把苏联人放在眼里，竟然主动进攻占有地形和装备等优势的苏军，结果败在了苏军的炮兵和坦克手中。

7月4日，苏军将企图渡河的日本关东军步兵主力打败后，朱可夫将军随即着手准备歼灭面前的日军坦克部队。苏联军队的两个坦克装甲旅，带着摧毁一切的杀气攻进日军坦克群中。在约3平方千米的战场上，数百辆不同型号的战车互相搏杀，炮声响彻云霄，火光冲向天际，尘土充满战场，亚洲战史上的第1次大规模坦克会战爆发了。苏军的BA-10、BA-6装甲车和BT-7、BT-5、T-26、T-28坦克等通力协作，直接把诺门罕变成了新型武器装备的试验场和练兵场，打得日军八九式坦克没有招架之功和还手之力，日军坦克和装甲车渐渐成为一堆堆泛着浓烟的钢铁废物。

7月23日，不甘心的日军又调集三个重炮联队参战，发起了第3次进攻。有趣的是日本还专门邀请德国军官观看这次战役，从而向“盟友”展示军威。苏联深知欧洲当前的紧张局势，为规避今后双线战斗，斯大林指令朱可夫抽调苏军最精锐的装甲部队，力争此战一举击溃日军。苏军凭借着坦克和大炮的优势再次全面击败了日军的重炮群。德国军官毫不留情地评价日军：“只有一战时的水平”。

4. 战役的结果

苏日双方于1939年9月16日停火，日本不得不以承认现存边界结束冲突。在这场战役中，我们可以清晰的看到机械化装甲部队的威力。苏日双方装甲部队数量上的差距、装甲先进性的差距、装甲重视上的差距都直接决定了战争的胜负。更可笑的是，日本对战争中经历的坦克战惨败，没有进行全面反思，只是简单总结为“坦克的造价昂贵，不宜再用”，最终尝到了失败的恶果。

小精灵之难——意埃战争

1. 战争背景

自欧洲发生工业革命以来，西方国家急需更多的原料和市场，因此对非洲大陆的殖民地争夺日益激烈，意大利也不遑多让。由于意大利的资源匮乏，经济寸步难行，导致国内的贫困人口激增，每年都有数以万计的人移民到其他国家，人才和资金的流逝加剧了意大利面临的窘境，而改变这种局面最好的方式就是开拓海外市场，催生国内工业——这意味着意大利需要一块殖民地，或者一场能打赢的战争，意大利将目光投向了非洲。

2. 战争过程

1935 年 10 月 2 日，墨索里尼向全国发布战争演说，公开宣布要以武力吞并埃塞俄比亚。他说为了这一天我们已经忍耐了 40 年，再也不能忍耐下去了。他断言，在装备上占绝对优势的意大利侵略军只要一开进埃塞俄比亚国土，海尔·塞拉西一世皇帝就会屈服投降。

1935 年 10 月 3 日，墨索里尼下令在索马里、厄立特里亚的意军两面夹击埃塞俄比亚。凌晨 5 时，意大利军队不宣而战，越过马雷布河直扑阿杜瓦，向埃塞俄比亚发动大规模全面侵略战争。10 月 6 日占领阿杜瓦，突破北部埃军防线，11 月 8 日占领提格雷省首府马卡累。从阿萨布进攻的东路意军在埃军的顽强抵抗下进展甚慢。南路意军由格拉齐亚尼率领从索马里进攻欧加登，11 月 8 日占领戈腊黑。此后战事进入僵局。

1936年3月墨索里尼宣布对埃塞俄比亚的占领。1936年5月5日下午4时，意军攻占埃塞俄比亚首都亚的斯亚贝巴。1936年5月9日墨索里尼正式宣告对埃塞俄比亚全面占领。

3. 战争中的装甲战例

在1935年意大利30万军队侵略埃塞俄比亚的战争中，CV33作为意大利的主要坦克战车必然参加战斗。CV33在对抗只配备长矛和大刀的埃塞俄比亚土著人在战争初期还展示出了较大优势，毕竟埃塞俄比亚人大多数没有接触过装甲武器。

尽管埃塞俄比亚土著人的武器相当落后，大半还是原始的刀枪，但是埃塞俄比亚人民并没有被意大利

CV33 坦克

的坦克所吓倒。随着战争的不断深入，埃塞俄比亚人逐步知晓 CV33 只是一只“纸老虎”。埃塞俄比亚人将其引至狭小区域，接着从各处一拥而上，一同发力将仅有 3 吨重的坦克战车掀翻在地，进而摧毁坦克；或者以“人海战术”包围意大利这种坦克，他们用木头塞进履带，把汽油泼在坦克上，用火烘烤，再用利刃从坦克缝隙里攻击车内的意大利人；更有甚者仅依靠步枪、机枪、梭镖、弓箭就能摧毁 CV33。CV33 在战场上的实战对抗能力之弱由此可见一斑。在这场看似不对等的战争中，本以为坦克小精灵 CV33 可以大放异彩，但没想到却成了它的苦难，不仅丧失了装甲坦克对敌人的威慑，以及象征胜利天平的作用，反而被原始的梭镖、弓箭、刀子等消灭，真可谓是精灵落了凡尘，遭了难。

4. 战争结果

纵观意埃战争不难发现，意大利赢得也并不轻松。埃塞俄比亚人对自己的国家有很强烈的归属感，让意大利 CV33 装甲部队栽了跟头。但在绝对的军事实力面前，还是改变不了战争失败的结果，这也印证了“真理只在大炮范围内”和“落后就要挨打”这两句话。如果埃塞俄比亚能在意埃战争时与意大利实力相差不大，这两者之间谁胜谁负尚难两说。可惜历史的世界不存在如果，我们能做的仅仅是以史为鉴，以别国为镜，砥砺前行而已。

闪电战显威——波兰战役

第一次世界大战后，德国被迫放弃其东部曾属于波兰的领土，而苏联成立后波兰趁机独立，波苏战争后苏联也未能吞并波兰。希特勒上台后，意图向东扩张，首站便是考虑波兰。为了共同利益，在德国和苏联签署《苏德互不侵犯条约》一星期后的1939年9月1日，德国便展开进攻波兰的行动。9月17日，苏联也入侵波兰。10月6日，德苏两国占领波兰全部领土，波兰战役结束。

1939年8月31日，一群身穿波兰军服、配备波兰式武器的德国党卫军成员“袭击”并“占领”了一个紧靠波兰边境的德国城市格莱维茨。他们通过该城的电台用波兰话辱骂德国、发表煽动性的反德言论、宣布波兰已经对德国发动了进攻，最后丢下几具身穿波兰军服的囚犯的尸体。与此同时在德国边界林区城市森林管理所以及德国霍赫林登海关，都受到由党卫军伪装的“波兰人”的攻击。当晚，德国所有电台都广播了这则所谓德国遭到波兰突然袭击的消息，在国际上制造了入侵波兰的借口。德国借此事件入侵波兰，揭开第二次世界大战欧洲战争的序幕。战前，德军统帅部按照希特勒的要求计划以快速兵团和强大空军实施对波兰突然袭击，以闪电般速度摧毁波军防线，占领波兰南部和西部工业区，长驱直入波兰腹地，继而围歼各个波兰军团，要在半个月内结束战争，回师增援可能会遭到英法进攻的西线。

9月1日凌晨4时，德军53个师（其中有7个装甲师，4个轻装甲师，4个摩步师），2800辆坦克，6000门火炮，2000余架飞机以及40艘舰船，分别从西南、西北和北部方向兵分3路对波兰实施突然袭击。由于波兰长期推行绥靖政策，并没有充分的防卫准备，此外对德军采用的大量使用坦克和航空兵的闪击战术更是一无所知，因此在德军的突然袭击下，迅速溃败丢城失地。陆军方面，德军仅以6个装甲师、4个摩托化师和4个轻装甲师为主要突击力量，就势如破竹般在一马平川的波兰西部撕开波军以6个集团

波兰战役

军约80万人组成的防线；空军方面，在第一天德国空军就袭击了波兰21个机场，48小时不到，波兰空军就被全部摧毁。与此同时，波兰的战略中心、指挥机构和交通枢纽也都遭到轰击。德军装甲部队与空军形成的快速纵深挺进力量不断将波军迅速撕裂、进行合围。德军在突破波军西部防线后以每天五六十千米的速度向波兰腹地不断推进。1939年9月28日，华沙被德军占领，10月6日，波兰领土全部沦陷，波兰战役结束。波兰成为“闪电战”的第一个牺牲品。此次战役，波军亡66300人，伤133700人，被俘虏超过90万人。而德军仅仅亡10600人，伤30300人，失踪3400余人。

德国古德里安实践运用坦克机动作战理论，率领装甲兵第19军团（隶属北路集团军群第4集团军，包含1个装甲师、2个摩托化师和1个步兵师）取得了辉煌的“闪电战”胜利，这是人类战争史上第一次大规模的机械化部队大进军。古德里安也成为人尽皆知的“闪电战”创始人。此次波兰战役，是“闪电战”的开山之作，德军首次成功实施“闪击战”战术，显示出坦克兵团在航空兵协同配合下实现大纵深快速突击的巨大威力，这一战术对军事学术发展产生深远影响：证明了陆军和空军出其不意地实施密集突击有显著的制胜作用，有利于扩大战役进攻纵深，提高战役速度，为后来的一系列军事变革提供了教科书式的范例，也掀起各国大规模研制新型装甲装备的热潮。

逆转乾坤——莫斯科保卫战

1941 年 6 月 22 日，德国及其盟军入侵苏联。德军采取“闪电战”战术，装甲部队以钳形方式前进，对苏军采取先孤立后彻底摧毁的方式从而快速挺进苏联领土。德军的北方集团军群进攻列宁格勒，南方集团军群进攻乌克兰和高加索高地，而中央集团军群则进攻莫斯科。苏军防线很快崩溃，死伤无数，丢失大片领土。

9 月 30 日，莫斯科会战开始。德军在布良斯克和维亚济马战役中取得胜利后，分别从北、中、南三个方向朝莫斯科挺进。10—11 月，北路德军攻至莫斯科河、伏尔加河沿岸地域，一部分兵力攻到莫斯科以北的红波利亚纳；中路德军攻至莫斯科西南的戈利齐诺地域；南路德军则临近卡希拉。莫斯科形势岌岌可危。针对这一紧急情况，苏联国防委员会和苏军最高统帅部迅速调整战略部署，调整战争指导方针：军事上，进行顽强防御，坚决阻止敌人进攻，同时征集大批战略预备队陆续投入到前线最危急的作战方向，并在敌占区广泛开展游击战；经济上，充分发挥社会主义制度的优越性，把大批工厂东迁，将经济转入战时模式。经过长达 5 个多月艰苦战斗后，尽管苏联损失了大量的人员和武器装备，被迫后退 850 ～ 1250 千米，但终于阻滞了德军的进攻，建立了新的防线。

1941—1942 年的这个冬季就算以苏联人看都觉得异常的严寒。11 月上旬莫斯科进入冬季，虽然道路还能够使用，但德军由于自信地认为在入冬前就能结束战事因而携带的冬季装备严重不足，保暖衣服和白色伪装服等都准备不足，坦克和其他车辆都因为低温环境而不能动弹。长驱直入的德军因战线过长，补给跟不上，而前期战役中消耗过大，既没有战役预备队补充实力，又缺乏在寒冬条件下作战的准备和经验，导致士气低迷，苦不堪言。而对苏军而言，情形却恰好相反。苏军习惯严寒生活，早已做好充足的冬季作战准备：他们有足够的棉衣、皮靴和护耳冬帽来防寒，甚至他们的枪炮装备上都套上保暖套，涂上防冻润滑油。

1941 年 11 月 7 日是十月革命的 24 周年纪念日。为提升全国人民士气，斯大林在红场举行阅兵，

莫斯科保卫战

这场兵临城下的阅兵向全世界表明苏联抗战到底的决心。部队在阅兵后直接开往前线参加战斗，朱可夫将预备队的第10集团军、第20集团军和第1突击集团军转隶给西方面军。此时苏军的实力是总兵力110万人，有7652门火炮、774辆坦克、1000余架飞机。而德军总兵力170万人，有13500门火炮、1170辆坦克、615架飞机。虽然德军整体兵力仍要多于苏军，但由于其战线过长、兵力分散，展开的战线并不稳固。到1941年11月29日，德军已成强弩之末，各个方向上的进攻都被苏军遏制。12月初，长期作战的德军各集团军群已消耗严重，疲惫不堪，被迫停止进攻。苏军把握这一情况紧急筹备，先后在莫斯科近郊、罗斯托夫地域和列宁格勒东南地区组织全线反攻，开始进行1941年寒冬的冬季战役。1941年12月5日，苏联加里宁方面军的第30集团军率先转入反攻，此时德军进攻能力明显衰竭。德军装甲集群的侧翼遭到强烈攻击，迫使他们朝克林方向撤退。1941年12月6日，苏联西方面军从南北两个方向上对德军发起反击，德军在恶劣严寒气候和苏军激烈斗争的双重夹击下，在莫斯科附近被击退。当晚在图拉的古德里安决定全线退回原本的防线，希特勒签署了包括莫斯科方向在内的整个苏德战场全线转入防御的训令。到1942年1月，进攻莫斯科的德军伤亡人数达50万人，损失1300辆坦克、2500门火炮，原本已经兵临莫斯科城下的德军，被苏军赶至距离莫斯科100千米甚至350千米以外的地域。虽然苏联付出了伤亡和被俘达100多万人的惨重代价，但苏军最终取得了莫斯科保卫战的胜利。

莫斯科保卫战从1941年9月一直到1942年1月，最终以苏军的胜利而告终。苏军的不懈斗争最终使纳粹德国企图快速征服苏联的计划破产，打破了希特勒吹嘘德军“闪电战”战无不胜的神话，最终使势不可挡的钢铁洪流停滞，是德国东线走向灭亡的开始，极大地鼓舞了苏联和全世界人民反法西斯战争的胜利信心。

血染伏尔加——斯大林格勒战役

1942年，德军进攻莫斯科失败。希特勒眼看攻占莫斯科没有希望，开始把目光转向苏德战场南线的斯大林格勒。斯大林格勒是苏联中央地区通往南方重要经济区域的咽喉要道，南部和西部都是苏联的粮食、煤炭石油的主产区，一旦德军攻占斯大林格勒，苏联将失去战争所需的石油、粮食、工业基地等重要资源。同时其地理位置也十分关键，向北可兵指莫斯科，向南可至波斯湾，战略地位极为重要。

为实现攻占斯大林格勒的意图，德军对南线兵力进行重组，撤销南方集团军群番号，新组建A、B两个集团军群。A集团军群负责攻占高加索地区；B集团军群负责攻占斯大林格勒，同时掩护A集团军群北翼。此外，在A、B两个集团军群后方，又设置由匈牙利第2集团军、意大利第8集团军和罗马尼亚第3集团军组成的第二线兵力和克里米亚地区的曼施坦因的第11集团军和罗马尼亚第4集团军。德军总兵力达60个师，包括10个装甲师、6个摩托化师，还有附庸国的43个师，装备1200辆坦克、17000门火炮、1640架飞机。

1942年7月17日，斯大林格勒战役正式开始。德军第6集团军以第8步兵军和第14装甲军为北突击集团，以第51步兵军和第24装甲军为南突击集团包围苏军第62集团军，向卡拉奇方向进攻。同时，对苏军第64集团军进行佯攻吸引苏军的注意力。苏军第62、64集团军顽强抗击，在奇尔河、齐姆拉河和德军激战6昼夜，为提升防御争取时间。7月23日，德军突破苏军第62集团军右翼防线，攻至斯大林格勒西面的顿河河岸。7月25日，德军对苏军第64集团军的右翼发起进攻，企图对顿河的苏军两翼实施包围，从两面攻向斯大林格勒。苏联将领崔可夫指挥第62集团军和舒米洛夫指挥第64集团军进行顽强防御和反突击，打破德军的企图。8月10日，苏军退至顿河东岸在斯大林格勒外层组织防御，阻止德军进一步前进。8月19日，德军保卢斯指挥第6集团军从斯大林格勒西北面向东南攻击，22日突破苏联第62集团军防线，强渡顿河占领卡拉奇，23日第14装甲军攻至斯大林格勒北郊，将苏联第62集团军与斯大林格勒方面军主力分割开。霍特指挥第4装甲集团军向北进攻，突破苏联第64集团军防御，29日抵进斯大林格勒城南。9月2日，保卢斯第6集团军右翼与霍特第4装甲集团军左翼在旧罗加奇克地区取得联系。德军第4航空队出动几百架飞机，夜里又再次出动2000架飞机对斯大林格勒进行轰炸。9月13日，德军攻入斯大林格勒市区，双方展开巷战。战斗十分激烈，可以说逐街逐楼逐屋都被反复争夺，仅对火车站争夺就达13次之多。对此苏军近卫第1集团军和第24、66集团军在斯大林格勒以北不停顿进行反突击，支援了斯大林格勒市区的保卫战。苏军第57、51集团军也在斯大林格勒以南发动局部进攻战役牵制德军重兵集团。9月底，德军指挥部命令罗马尼亚第3集团军在斯大林格勒西北方向加入战斗，此

斯大林格勒战役

时德军兵力已达80多个师。10月15日，德军突击至斯大林格勒拖拉机厂及其附近的伏尔加河地域。11月11日，已成强弩之末的德军发起最后一次进攻，只能从“街垒”工厂以南冲到伏尔加河岸。11月18日，斯大林格勒战役的防御阶段结束。此时德军已死伤约70万人，损失火炮2000余门、坦克1000余辆、飞机1400余架。德军企图攻占斯大林格勒的计划宣告破产。

随后朱可夫率苏军发动反击，战役进入战略性反攻阶段。3000多门火炮朝着德军轰击。精疲力尽的德军只能放弃阵地开始向南撤退。到11月23日，苏联集团军已完成合围，德军弹尽粮绝，士气低落只能进行微弱抵抗。1943 年 1 月 31 日，刚刚被希特勒晋升为陆军元帅的德军总指挥保卢斯向苏军投降，斯大林格勒战役结束。德军第 6 集团军和第 4 装甲集团军，罗马尼亚第 3、4 集团军，意大利第 8 集团军全军覆没。德国伤亡近 150 万人，损失坦克 1000 多辆，苏德战场 1/4 总兵力在此战役中被消灭。

苏军顽强抵抗，成功保住了斯大林格勒，终结了德军自 1941 年以来保持的进攻优势，打击了法西斯嚣张气焰，使得德苏两军总体力量对比发生根本变化。斯大林格勒战役因此成为世界反法西斯战争的标志性事件，是第二次世界大战的转折点。

二战最大规模的坦克战——库尔斯克会战

库尔斯克是前苏联西南部著名城市，其战略地位十分重要。1943 年，苏联军队与德国军队在库尔斯克发动了大规模会战，这也是第二次世界大战中规模最大的坦克战。

1943 年初，苏军在斯大林格勒战役保卫战取得决定性胜利后，乘胜追击，收复了大量失地，德军溃败的同时，南方集团军群司令曼施坦因元帅也计划着向苏军反扑。他主动放弃一些重要据点，诱使苏军不断进攻深入，致使战线越拉越长，德军趁机完成兵力集结。2 月 19 日，曼施坦因指挥南方集团军群开始向苏联西南方面军发起反击，至 3 月 28 日，苏联西南方面军遭受重创，其第 5 集团军遭到毁灭。3 月 6 日，德军向哈尔科夫发起进攻。3 月 14 日，苏军被迫放弃一个月前刚刚攻占的哈尔科夫开始向库尔斯克南面的奥博扬地区后撤。为防止战线彻底崩溃，苏军最高统帅部把第 1 坦克集团军从列宁格勒南调，第 21 和第 64 集团军也从斯大林格勒调整至这些方向，此后战线逐渐趋于稳定。曼施坦因的这次反击使得以库尔斯克为中心的一个突出部逐步形成。在突出部北面，德国中央集团军控制着奥廖尔一带；在突出部南面，曼施坦因的南方集团军群控制着别尔哥罗德地区；而在突出部内的是苏联的中央方面军和沃罗涅日方面军。德苏双方在此陷入僵局，一场规模宏大的战役即将开始。

库尔斯克突出部犹如一个拳头状，从苏军战线中延伸出来，其正面长约400千米，底部不到110千米。经过侦察，德军在该突出部内发现苏联许多成建制的部队驻地，因此曼斯坦因计划通过南北两翼协调采取钳形攻击方式合围并歼灭突出部内的苏军。一旦成功，这次战役将缩短德军的战线，使部队的机动性大大增加。在内部意见分歧、左右衡量下，希特勒最终决定采纳曼斯坦因的计划，决定以库尔斯克突出部北面的中央集团军群和库尔斯克突出部南面的南方集团军群联合发动一次钳形进攻，从而摧毁在库尔斯克突出部内的苏联军队，其作战代号为“堡垒”。

“堡垒”作战原定计划在1943年5月就发动，但由于这年的雨季结束较晚以及德国新型“虎”式、“豹”式坦克交货延迟而希特勒却坚持要等到部队拥有足够的新型坦克才肯发动攻击，因此作战计划不得不一拖再拖。一直等到7月才发动攻击，而此时苏军已设置好三道防线，德军的先利之机已经丧失殆尽。1943年7月，希特勒向库尔斯克地区调集50个师的精锐部队，其中包括17个装甲师和3个摩托化师，总兵力就达90万人，大量装备一些新式武器：2700辆坦克（包括“虎”式、“豹”式坦克）、近1万门野战火炮（包括“斐迪南”火炮）、2050架飞机（包括“福克沃尔夫”FW190A式战斗机和“汉克尔”He129式攻击机），企图重新夺得苏德战场主动权。而苏军元帅朱可夫采取“先用防御来削弱和疲惫德军，然后再调集兵力转入进攻”的策略，集结了260万人的兵力（包括支援部队），8000辆坦克、5

库尔斯克坦克会战

万多门火炮和6900余架飞机。7月5日凌晨，苏军获悉德军发动进攻时间，抢先对德军实施炮火打击和航空兵的反击，库尔斯克会战开始。由于苏军强有力的阻击，德军经过7昼夜战斗才勉强向前推进了不到40千米，十分疲惫。随后战斗不断持续，德军补充了大量支援部队，共投入154万兵力、5000辆坦克、16000门火炮、5000架飞机，曾一度击溃将近4倍于己的苏军。7月10日，英美联军在西西里岛成功登陆，意大利形势恶化，希特勒不得不终止作战计划，并抽调东线兵力去支援意大利，但让曼施坦因继续在南线进攻。7月13日在普罗霍罗夫卡苏军调集兵力与德军展开大规模的“坦克肉搏战”。两军装甲主力在相遇后很快就绞杀在一起。同苏军的T-34坦克相比，德军的“虎”式和“豹”式坦克在单体战斗力上占据了相当大的优势，但总体数量相对较少且维修缓慢。在战争开始后，苏军决定以快制慢，充分利用 T-34 的灵活性、操作简单和数量上优势，冲锋抵近德军坦克，以近战来消灭“虎”式、“豹”式坦克。虽然在数量上苏军伤亡很大，但德军的消耗也逐渐增多。很快，浓密的硝烟就弥漫了整个战场，两军之间厮杀不断。这场规模空前的坦克大战一直持续到傍晚才结束。在历经 8 个小时血战后，德国党卫军第 2 装甲军和苏联近卫坦克第 5 集团军都损失了超过 350 辆坦克。

8 月 23 日，库尔斯克会战结束，仅仅一个多月的战斗，德军共被击溃 30 个精锐师（其中包括 7 个装甲、坦克师），损失兵力达 50 多万人，损失火炮和迫击炮 3000 门、坦克 1500 辆、飞机 3700 架；苏军

库尔斯克坦克会战

也付出了沉重的代价，损失 80 多万兵力，火炮 5244 门、坦克 6064 辆、飞机 1716 架。会战的结果是苏联虽然伤亡大，但最终取得了战略性的胜利。

库尔斯克会战是第二次世界大战中规模最大的一场对攻战役，德军与苏军共投入了超过 280 万名士兵，出动了近 8000 辆坦克，参战飞机超过了 5000 架，也创下史上规模最大的坦克会战和单日空战两个纪录。同时也是第二次世界大战期间苏德战场的决定性战役之一，库尔斯克会战彻底粉碎了希特勒妄想再度进攻莫斯科的企图，是德军最后一次对苏联发动的战略性大规模进攻，此役过后德国丧失了苏德战场主动权，再也无法在欧洲战场的东线发起有威胁的攻势。从此苏军转入战略进攻阶段。库尔斯克会战也被视为东部战线上最后一个关键转折点，是德军致命危机的开端。

冤家对决——阿登战役

1944 年秋，美英联军逼近德国西部边境，在进攻齐格菲防线时受阻。希特勒错误判断形势，决心在阿登高地美军防线薄弱处发起反攻，意图切断美英联军补给线，从而围歼主力，迫使英美与其议和。阿登战役是第二次世界大战中美国和德国最后一次大规模的装甲战。这是德军在西线困兽犹斗的最后一战。在战役打响前一天的 1944 年 12 月 15 日，西线共有 471 辆“黑豹”坦克，其中处于“作战”状态的为 336 辆。装备“黑豹”的营连构成了德军指向阿登地区的装甲中坚，在战役打响后分别在各自的指定方向上投入了战斗。

1944 年 12 月 16 日拂晓，在西线总司令伦德施泰特指挥下，先是密集炮火准备而后兵分三路在风雪中发起进攻（左翼是第 7 集团军 4 个师；中路是第 5 装甲集团军 7 个师；右翼是党卫军第 6 装甲集团军 9 个师），总兵力 23 个师，约 27.5 万人，另设有 2 个师和 2 个旅的后备军。盟军没能意识到德军在阿登地区进行反扑，在长达 115 千米的战线上，只部署了美军第 1 集团军的 4 个师，同时还没有防御工事倚仗。17 日，第 106 师和第 28 师的阵地被突破，美军 7000 多人投降。德军右翼占领了马斯河渡口。至 12 月 25 日，德军向西纵深挺进百余千米，形成突出部。

盟军为阻止德军越过马斯河，艾森豪威尔不得不采取措施，将被包围的美军第 12 集团军交给英军司令蒙哥马利指挥，并调增援部队殊死阻击德军进攻，

“谢尔曼”坦克

并积极准备反突击。至 12 月 24 日，美英联军已有 24 个师约 60 万人参战。

德军第 2 装甲师计划攻取交通要地马奈，出击时间定于 24 日平安夜的 22 时。第 1 营第 4 连所有 17 辆“黑豹”按计划推进，但前往马奈的道路绝非一片坦途，美军第 7 装甲师第 40 坦克营的 A 连 6 辆

M4“谢尔曼”坦克提前布阵；C连的9辆“谢尔曼”埋伏在公路两旁的松林里；B连和D连的一批“谢尔曼”和M5A1“斯图亚特”轻型坦克部署在较远处预备支援。刚过22时几分钟，打头的第3排就和美军A连发生了交战，一番炮火交换过后，2辆“谢尔曼”和1辆“黑豹”被击毁，A连剩下的4辆“谢尔曼”则朝东北方向撤退。夜间作战的不确定性，使得401号“黑豹”独自行驶着，它已经冲到了队列的最前面。在随后连续独自交战中，击毁1辆“谢尔曼”和2辆M10坦克歼击车。道路在“黑豹”面前呈现出扭曲的S形，两边还密布着松树。401号发现了C连的9辆“谢尔曼”，此时美国人也发现了“黑豹”，那些美国坦克手们纷纷爬出坦克，头也不回地逃进了不远处的树林里。几分钟后第1排来到这个S形路口，这时至少有1辆“谢尔曼”的车组已经归位了，并且向401号“黑豹”开火，不过炮弹擦着“黑豹”呼啸而过。信号弹照亮附近的地区，第1排的“黑豹”连续开火，在很短的时间里就把C连的全部9辆“谢尔曼”都打成了“火把”。之后，德军坦克继续朝马奈开进。“黑豹”一路横行，在一派混乱中径直穿过马奈，打掉了停在那里的2辆坦克。在村口又击毁了3辆M5A1“斯图亚特”、1辆半履带车和1辆“谢尔曼”。25日圣诞凌晨，马奈已经在德军的掌握中。

12月25日圣诞节这一天，德军第2装甲师与美军第2装甲师在马斯河沿岸爆发了一场坦克大战。经过一天的激战，以美军第2装甲师全胜而结束，德军第2装甲师重武器几乎全被摧毁，近乎全军覆没，只有少数人员突围成功，阿登战役中德军王牌少校霍斯特·杰恩，驾驶指挥的Ⅳ号H型坦克一举击毁美军5辆“谢尔曼”，但最终还是在坦克大战中落败，第2装甲师番号被德军最高统帅部取消，成为德军在阿登战役中唯一被歼灭的德军装甲师级单位，美军第2装甲师也因此获得了“地狱战车师”的美誉。

阿登战役

“黑豹”被认为是二战中最好的中型坦克，没有一辆美国坦克乐于在战斗中面对“黑豹”。在一场白刃战中，“黑豹”明显优于“谢尔曼”。但技术上的优势并不总是转化为战场上的胜利。“谢尔曼”在与“黑豹”的决斗中可能无法匹敌，但“谢尔曼”在其他更常见的战场任务中表现得足够出色。阿登战役是坦克发展的一个重要转折点，轻型坦克在战场上的作用越来越小，而新的中型坦克正在取代重型坦克。

著名装甲战将

装甲战之父——富勒

富勒

约翰·弗雷德里克·查尔斯·富勒（1878—1966）出生于奇切斯特，英国军事理论家，机械化战争论创始人之一，被誉为“装甲战之父”。富勒于1899年开始服役，参加过英布战争。第一次世界大战期间，任坦克军参谋长，1929年起任旅长，次年晋升少将，1933年退出现役。富勒在从军的同时一直从事军事历史和军事理论研究。对第一次世界大战中守旧的军事思想及传统展开了猛烈的抨击，创造性地提出了以装甲部队纵深突破造成敌人战略瘫痪为核心的一整套在机械工业时代准备和进行战争的理论，并深刻地影响和作用于第二次世界大战。

1914年，富勒参加了一战，战争的洗礼使富勒对军事理论的认识和研究更为贴近实战。1916年，富勒提出了纵深突破的战术理论，这也是富勒装甲作战理念的开端。1916年，富勒看到了英军的新式武器——坦克后而感到欣喜不已，因为他发现坦克就是自己纵深作战的完美载体。之后，富勒开始系统分析坦克在战争中的作用，强调坦克必须贯彻集中使用的原则，用于在重要地区和方向上发挥规模突击的优势。后期，英军坦克在一战中发挥的作用，印证了富勒的坦克战理论，也奠定了富勒的军事理论地位。

之后，富勒牵头制定了《1919年计划》，富勒首次提出了坦克和飞机协同作战的构想，强调了飞机在保持制空权的同时可以协同坦克打击地面目标。这一计划准确地预见了未来战争的特点，系统描述了新的作战样式，标志着富勒军事思想的形成和机械化战争理论的基本成熟。

在1927年以后的6年里，他先后出版了9部著作，其中以1932年出版的《龙齿——战争与和平研究》和《野战条令（三）》两本尤为重要，其中以《野战条令（三）》为蓝本，逐渐形成了著名的《装甲战》。《装甲战》作为国际上首个系统梳理和分析机械化作战的著作，细致研究了战术和战略层面的问题，理念深刻，观念新颖，形成了比较系统的机械部队作战理论。其核心原则是：快速运动可以获胜。书中写到："现代作战要靠快速运动才能取胜，才能节省兵力"，部队摩托化和机械化的优点就在于以节省时间来缩短空间，也就是在战争中运动的速度越快，所要防御的地区空间范围就越小。1936年，古德里安让第2装甲师实践《装甲战》的理念，在二战中，创造了“闪电战”，将装甲战理论更为广泛地应用于实战。

1954—1956年，富勒重新修订并再版了三卷本的《决定性会战》，更名为《西洋世界军事史》。该书的出版标志着富勒已经进入了杰出军事历史学家的行列。1959年，富勒开始了《战争指导》一书的写作，于1961年11月出版。该书可以被当作富勒一生军事成果和理论的浓缩及精炼。在书中他谨慎地研究了战争的主要目标，认为战争的主要目标并非是获得胜利，主要是为了获得和平。

1926年，富勒在给利德尔哈特的信中写道：“享受人生的最好方法是做一个知识的流浪者。”1966年2月10日，在完成他的第45部作品《朱列叶斯·恺撒——男人、军人、独裁者》之后，这位伟大的“流浪者”离开了这个世界。

胜利的象征——朱可夫

朱可夫

格奥尔吉·康斯坦丁诺维奇·朱可夫（1896—1974），苏联元帅。曾4次获得“苏联英雄”称号，被称作苏联“胜利的象征”，是苏联陆军的野战“三驾马车”之一，擅长大规模使用坦克兵团来分割包围敌人。1941年，朱可夫指挥莫斯科保卫战，让德军的钢铁洪流止步于莫斯科城外。

1941年，德军以闪击战术迅速插入苏联领土。同年9月底，德军北翼围困列宁格勒，南翼攻占基辅，中央占领斯摩棱斯克，距莫斯科仅剩三四百千米。德国统帅部制定“台风”计划，打算在维亚兹马和布良斯克地区从北、西、南三个方向将苏军切割围歼，然后从南北两个方向进攻苏联首都莫斯科，企图在冬季到来之前攻占莫斯科。因此，德军集结3个集团军、3个坦克集群和一个航空队，总兵力78个师近200万人。苏军西方面军、布良斯克方面军和预备队方面军共125万人在莫斯科以西建立纵深300千米的三道防线实施防御。9月30日，德国中央集团军群发起进攻。两天后，在维亚济马方向德军主力突破苏军防线，除一小部分苏军突破德军封锁外，德军围歼了包围圈内的苏军。这场战役中苏军损失65万。

10月7日，奉斯大林之命，朱可夫到达西方面军司令部了解战况。10月8日夜，他向斯大林报告说，莫扎伊斯克防御力量最为薄弱需要以最快的速度增援，防止德军从这里冲向莫斯科。10月9日晚，斯大林决定将西方面军和预备队方面军合并成西方面军，统一由朱可夫指挥。朱可夫深知保卫莫斯科的重任只能依靠这只新组建的军队。经过战况分析，朱可夫指挥苏军在沃洛科拉姆斯克-莫扎伊斯克-卡卢加一线加强防御，并组建了第二梯队和方面军预备队，使大防御纵深更加牢固。也正如朱可夫所判断的那样，11月30日以前，苏德双方在莫尔德威斯以南激战，在朱可夫的指挥下，这一带的苏军击退德军所有进攻，德军第2装甲集团军司令古德里安确信在这一带已经不可能突破苏军防线，也就不可能从这里攻入莫斯科。与此同时组织地面侦察和空中侦察，加强对方面军各部队的指挥，妥善安排军队的物资、技术保障。在莫斯科地区部署很多歼击机、强击机和轰炸机，戒严莫斯科及周围地区。

11月7日是苏联十月革命24周年纪念日。11月

1 日，斯大林问朱可夫，以现在的形势究竟还能不能在莫斯科红场举行阅兵式，朱可夫给出了肯定的回答。当天清晨，全副武装的苏联士兵们从莫斯科红场上走过，在接受完斯大林的检阅后直接奔赴战场。苏联通过这次阅兵提振了全军士气，告诉全世界苏联不可战胜，他们必将打败德国法西斯侵略者。

11 月中旬，德军发动对莫斯科的进攻，意图在莫斯科以东地区对苏军进行合围。11 月底德军占领克林，12 月初，德军兵临莫斯科城下，离莫斯科只有 30 千米。但苏军凭借顽强抵抗，打退德军一次又一次进攻，双方一度陷入僵持状态。此时，由于战线拉得过长，前期战役消耗过大，加之没有预备队的补充又缺乏充足的补给，前线的德军在寒冷的莫斯科郊外苦不堪言，德军士兵也缺少寒冬条件下作战的准备和经验，士气极为低迷。相比之下，苏军更为适应严寒环境，全国上下支援前线，士气越发高涨，在朱可夫的指挥下，苏军开始进行反攻。基于战场前线形势，希特勒命令苏德战场的德军全部由战略进攻改为战略防御。但是强弩之末的德军已经没有力量防守，只能被迫向西撤退。至 1942 年 4 月，苏军将战线向西推进了 350 千米，夺取了莫斯科保卫战的胜利。

在朱可夫指挥下，凭借苏军的不懈斗争最终成功保卫了莫斯科，粉碎了德国法西斯攻占苏联的企图，打破了德军闪电战战无不胜的神话，极大地鼓舞了苏联人民和全世界人民反法西斯战争的胜利信心。

苏联铁锤——科涅夫

科涅夫

伊万·斯捷潘诺维奇·科涅夫（1897—1973），苏联元帅，擅长指挥大兵团进攻、装甲部队突击及各兵种协同作战，指挥过许多大规模进攻战役，为苏联彻底击溃纳粹德国立下汗马功劳，被誉为“苏联铁锤”，是苏联陆军的野战“三驾马车”之一。

1943 年初，科涅夫担任草原方面军司令，除了 4 个步兵集团军外，还有罗特米斯特罗夫将军指挥的近卫第 5 坦克集团军。莫斯科战役之后，苏德战局重心转移到南线。双方集结重兵展开主力决战，给科涅夫建立功勋提供了机会。

1943 年 7 月，库尔斯克会战爆发。德军想要从南北两个方向对苏军实施突击，北线是由莫德尔元帅指挥的德军中央集团军群，共有1200辆坦克和强击火炮，南线是由德军名将曼施坦因元帅指挥的南方集团军群，共有1500辆坦克和自行火炮，意图合围歼灭据守在库尔斯克突出部的苏联最精锐的由瓦图京指挥的沃罗涅日方面军和罗科索夫斯基指挥的中央方面军。这两个方面军共有133万人、3600辆坦克以及自行火炮。在两个方面军后方就是科涅夫指挥的作为苏军战略总预备队的草原方面军，共58万人、1640辆坦克和自行火炮。7月5日，德军展开代号为“堡垒”的猛烈攻势。南线方面瓦图京方面军出师不利，情况十分紧急。于是斯大林下令科涅夫率草原方面军立即支援瓦图京。科涅夫率部火速奔赴前线，在7月12日到达普罗霍罗夫卡，与德军精锐部队相遇。在科涅夫指挥下，罗特米斯特罗夫的近卫坦克第5集团军凭借坦克数量优势，采取规模冲锋方式，冲散了德军战斗队，取得了战斗的胜利。这场普罗霍罗夫卡大规模坦克大战，被科涅夫称为“德国坦克兵这只天鹅临终前的美妙歌声。”科涅夫在库尔斯克会战中，不仅率部队在关键时刻增援，打破了德军企图打赢这场会战的希望，而且还在反攻的过程中以少数兵力解放了号称乌克兰第二首府的哈尔科夫，赫赫战功使得科涅夫从库尔斯克会战开始威名远扬。

1943年8月，库尔斯克战役后苏军展开第聂伯河会战，南部和中部两大战场的7个方面军同时发起对德正面进攻，意图一举击溃当面之敌。科涅夫率草原方面军进攻勇猛，以惊人速度向敌方发起进攻，顺利解放波尔塔瓦，9月24日夜，科涅夫草原军团强渡第聂伯河，随后继续向西进攻。1944 年 1 月下旬，科涅夫方面军与瓦图京方面军在科尔松 – 舍甫琴科夫斯基突出部合围德军约 10 个师。德军南方集团军群总司令曼施坦因立即拼凑 6 个坦克师前去解救，对苏军发起凶猛进攻，瓦图京部队防线被突破。此时科涅夫果断命令自己的部队冲过两个方面军的分界线，堵住德军打开的缺口，避免苏军防线溃败，围堵住德军意图突破的兵力。随后，斯大林改任科涅夫指挥所有对德围攻部队，将草原方面军改编为乌克兰第 2 方面军，负责歼灭被围德军，瓦图京指挥外部对德的部队负责挡住敌人的援军。科涅夫被委以重任，最终经几个昼夜英勇奋战，于 2 月 17 日，击溃了被围德军，取得了歼敌 5.5 万余人、俘敌 1.8 万多人的辉煌战果。这是继斯大林格勒战役后，苏军又一次成功围歼德军重兵集团的重要战役。

科涅夫凭借其军事敏锐的直觉、正确的判断、果敢的指挥，在苏联许多大规模进攻战役中留下骄人的战绩，为苏联取得卫国战争胜利立下显赫功勋。

“贴身肉搏”的大元帅——罗特米斯特罗夫

罗特米斯特罗夫

帕维尔·阿列克谢耶维奇·罗特米斯特罗夫（1901—1982），苏联装甲坦克兵元帅，二战中历任苏联第3机械化军参谋长、第8坦克旅旅长、第7坦克军（后来的近卫坦克第3军）军长，在斯大林格勒战役中表现出色。1943年担任近卫坦克第5集团军司令，在库尔斯克会战中奋勇抗争，敢于死战，战功卓著，创造坦克战史上最为壮丽的篇章。

苏德战争爆发时，罗特米斯特洛夫担任第3机械化军参谋长，1941年9月作战英勇的他被提拔为坦克第8旅旅长，奉命率领该旅在旧鲁萨地区为夺取克林等城市而顽强战斗。罗特米斯特洛夫率领苏军组织了一次又一次的反击，打破了节节胜利的德军节奏，大大出乎了德军对战争的预料，也证实苏联军队倡导大集群装甲突击力量的强大威力。在莫斯科大反攻中，罗特米斯特洛夫指挥坦克第 8 旅如尖刀直插德军之中，发挥着突击先锋作用，莫斯科战役后第 8 坦克旅凭借赫赫战功被苏军最高统帅部授予“近卫坦克第 3 旅”的番号，1942 年 4 月，罗特米斯特洛夫被任命为苏军坦克第 7 军军长。

1942 年 7 月，斯大林格勒保卫战爆发，罗特米斯特罗夫指挥的坦克第 7 军作为主要突击力量始终坚守阵地，顽强抵挡住了德军一波又一波的进攻。1942 年 11 月，苏军大举反攻，罗特米斯特洛夫率第 7 军一路南下，成功夺取上奇尔斯基和科捷利尼科沃，击溃增援德军的匈牙利部队，实现包围德军第六集团军的战略意图。1943 年 1 月，罗特米斯特洛夫率第 7 军击溃德军临时拼凑来救援第 6 集团军的曼施坦因集群，顺势乘胜追击，一举解放了高加索门户——罗斯托夫。坦克第 7 军因为在这次战役中战功卓著，又被苏军最高统帅部授予“近卫坦克第 3 军”的番号。2 月，罗特米斯特罗夫升任近卫坦克第 5 集团军司令。

1943 年 7 月 5 日，德军展开代号为“堡垒”的猛烈攻势，在南线取得了战场优势。7 月 12 日，罗特米斯特罗夫率第 5 坦克集团军奉命增援南线，在普罗霍罗夫卡与德军最精锐的装甲部队——党卫军“帝国”坦克师、“骷髅”坦克师、“阿道夫·希特勒”坦克师相遇。德军有将近 200 辆坦克，其中不乏德军“虎”式新型坦克，“虎”式坦克火力射程远，战场火力十分强大。罗特米斯特洛夫清楚地知道苏军 T-34 坦克在远距离根本无法与德军的“虎”式坦克抗争，只有冲锋至几百米贴至近处进行作战，苏军坦克主炮才能击穿德军坦克装甲，这样才能抵消德军新型坦克的技术优势。于是罗特米斯特洛夫率近卫坦克第 5 集团军凭借坦克数量优势对德军发起自杀式冲锋，坦克和自行火炮在敌炮火轰击下开足马力全速前冲，楔入德军坦克之中，展开近距离混战。整整一天苏军都以这种“肉搏”式进攻进行着惨烈的战斗。面对不到 200 辆德军坦克，罗斯米斯特罗夫损失了近 400 辆，不过惨烈的代价换来了可喜的成果，德国坦克兵由于数量不足被迫撤出战场。

普罗霍夫卡坦克战是二战中规模最大的一次坦克遭遇战。虽然因为当时苏联的 T-34 坦克性能落后于德国的“虎”式坦克，完全是依靠抵近冲撞才拦住德国的坦克洪流，苏军自身也损伤惨重，但罗斯米斯特罗夫所率领的近卫坦克第 5 集团军凭借英勇抵抗、敢于冲锋的精神挫败了德军在南线推进的意图，为库尔斯克战役的最终胜利做出巨大贡献。

美军中的“匪徒”——巴顿

巴顿

小乔治·史密斯·巴顿（1885—1945），美国陆军四星上将，二战中美国著名军事统帅。巴顿参加了欧洲战场多个战役，为解放欧洲立下汗马功劳。作战中他敢打敢冲，强调快速进攻，其领导的第3集团军永远冲在第一个。巴顿为人豪爽、个性彪悍、行为粗暴，粗鲁、野蛮是他在战争中留给后人的印象，潘兴上将甚至把他称为美军中的“匪徒”。1945年12月外出打猎时突遇车祸身亡。

巴顿一生参战无数，其中最具代表性的是其指挥的阿登战役。1944年12月，美英联军逼近德国西部边境。盟军在洛林地区推进非常顺利，因此认为德军大势已去且已经没有力量再发动大规模反攻，产生盲目乐观情绪。但实际上，盟军长期战斗，兵力逐渐不足，导致一些地段的防御力量极其薄弱，其中最薄弱处当属阿登山区。阿登山区是霍奇斯中将领导的第 1 集团军与巴顿领导的第 3 集团军的接合部，大约有 128 千米宽，却只有缺编的第 8 军防守，兵力十分薄弱。此时只有巴顿的头脑敏锐，他判断：德军很可能孤注一掷，冒险发动大规模反攻。因此，他密切关注德军装甲部队特别是德国第 6 装甲集团军各师的部署情况。正如巴顿判断的那样，德军正在密谋一次反攻，企图攻占比利时的列日和安特卫普，切断美、英军补给线，围歼其主力，从而迫使英美与德国单独议和，反攻地点正是盟军兵力最薄弱的阿登山区。

12 月 16 日凌晨，德军 13 个步兵团和 10 个装甲师秘密潜入进攻出发地线，在 2000 门大炮向第 8 军阵地实施炮火打击后，德军趁着茫茫迷雾发起大规模进攻。从睡梦中惊醒的美军全然不知德军实力情况，美军匆忙反击，最终失守。

17 日，布莱德雷召集巴顿等举行紧急军事会议。早有准备的巴顿阐述自己的作战部署，得到艾森豪威尔和布莱德雷的认可。按照计划部署，巴顿所指挥的第 3 集团军作战方向需要作一个大转弯似的调整：需要在 4 天时间内从萨尔地区快速调至阿登山区，在这短短的几天里，巴顿要处理换防过程中诸如兵种协调、通信和后勤保障等一系列难题，还要快速熟悉陌生作战地域，任务可谓十分紧迫。紧急会议后的第二天，巴顿对集团军各个部门和师以上单位进行全面视察，掌握大量第一手资料，给部队做了战斗动员和军事部署。最终在巴顿的指挥下，只用了3天时间，第3集团军这个大规模部队就顺利完成战线转移工作。巴顿在短短的时间内指挥各部队、各兵种有条不紊实现战线由南向北的全面转移，充分说明巴顿无与伦比的指挥才能。

12月21日，在一切准备就绪后，巴顿进行了作战部署，将作战重点集中在巴斯托尼。巴斯托尼是一个不足4000人口的小镇，坐落在比利时东南部的平原上，是重要的交通枢纽，其战略地位突出，控制它就能遏制德军的补给线，从而牵制德军。美军的计划是：用精锐部队坚守该镇，牵制住德军，再由第3集团军从正面发动进攻。为了夺取巴斯托尼这个战略要地，德军派拜尔林率领重兵前来围攻，巴斯托尼驻守的美军情况十分危急。12月23日，盟军全力支援巴斯托尼。运输机向巴斯托尼运送各种物资，轰炸机则对德军重要目标实施轰炸，对德军战线背后进行破坏。第3集团军在正面发动进攻，最终精锐的第4装甲师第2战斗群突破了德军对巴斯托尼的包围圈，加强该镇的防御力量。双方精锐部队在连续两天你争我夺中消耗巨大。第3集团军的进攻变缓，但各部队均顶住了敌人的攻势，巴斯托尼依旧插在德军突出部上，给德军造成巨大威胁，牵制住德军并使其不敢贸然向美军纵深发动大的攻势，这也为美军下一步发动大规模进攻奠定了基础。

1945年1月中旬，德军已成强弩之末再难发挥有效进攻，围歼德军的时机到来。巴顿指挥部队从南北两路向乌法利兹推进。1月16日，巴顿部队南北夹击，切断了德军的突出部，在乌法利兹胜利会师。1 月 23 日，攻占圣维特。1 月 27 日，第 3 集团军抵达乌尔河，德军被迫退回阿登战役发生之前的防守位置，阿登战役胜利结束。

在这次战役中，巴顿领导的第 3 集团军在阿登战役中有着十分出色的表现，其战线调整之快、运动距离之远、推进速度之快、在短时间内投入的兵力之多，在世界军事史上留下了惊艳表现，阿登战役的胜利也宣告了希特勒最后一次垂死挣扎的意图破灭。

猎狐手——蒙哥马利

蒙哥马利

伯纳德·劳·蒙哥马利（1887—1976），英国陆军元帅。二战时被视为盟军最杰出指挥官之一，其指挥的阿拉曼战役、西西里岛登陆、诺曼底登陆等，都使盟军取得巨大胜利，代表战役是1942年在阿拉曼指挥盟军北非第8集团军打败德国隆美尔指挥的非洲军团，彻底扭转北非局势。

1942年6月，英国蒙哥马利元帅接任第8集团军司令。此时的北非战场上，盟军无论在兵力还是装备上比德军都有很大优势：盟军获得了大批量美国援助的M4“谢尔曼”坦克、各种大口径火炮及B-24“解放者”轰炸机，总兵力增至23万人，拥有1100辆坦克、1200架飞机，拥有充足的燃料和弹药供应；德军由于缺乏援助，“非洲军团”和意大利军队仅剩下12个不满员师，总兵力约8万人，仅有540辆坦克、350架飞机，燃料和弹药补给船只因受盟军打击损毁严重，补给十分缺乏。蒙哥马利在综合判断力量对比后，决定用进攻将德意军队彻底赶出北非。

1942年10月23日夜，蒙哥马利一声令下，英军集中炮火对阿拉曼地区的德军实施了夜间炮火打击，这是这场沙漠战争中最大规模的一场炮火打击。在持续约20分钟的连续航空轰炸和1200门火炮火力打击后，英军第30军和第13军士兵们借着月光英勇地朝德军阵地冲去。虽然德军缺少炮弹补给，不能以炮火压制进攻的英军，但德军之前布置的雷区给英军的进攻带来很大麻烦，到天亮时，英军装甲部队还未能突破雷区。此时，蒙哥马利命令装甲部队不惜一切代价也要向前推进，到24日下午，英军一个装甲旅终于渡过雷区并将阵地向前推进了9.6千米。25日，德军第15装甲师发起反击，由于蒙哥马利之前预估到了德军的反击，英军有所准备，德军反击失利。27日晚，英军在付出沉重代价下成功楔入德军阵地数千米，双方战斗陷入胶着。

此时，蒙哥马利敏锐意识到需要随机应变，根据战场条件的变化实际调整制定新的计划，于是他迅速调整战役部署，在南方发动突击的假象迷惑隆美尔。26日，在战线北端的澳大利亚第9师在德军侧后发动突袭，攻占德军部分阵地后向海岸推进，威胁到德国第164师的侧后，并成功击退德国第15装甲师的反击。英军第7装甲师也从南边调到北边，加强主攻方向实力，南段第 13 军其他部队则暂取守势，仅以小分队形式出击和炮火袭击来牵制敌人。

隆美尔在判明英军北线主攻方向后，也将第 21 装甲师调往北线，不过由于兵力的突然调整使得德军在北边、意军在南边的平衡防线失衡。蒙哥马利敏锐地抓住了德意联军的兵力部署变化的空档期，毅然决定从德军和意军防线的连接点突破，并首先集中主力攻打意军。11 月 2 日凌晨，蒙哥马利命令英军 200 门大炮向德军和意军防线的连接地发起猛攻。同时派出英国皇家空军对该地区猛烈轰炸，而后英国步兵和坦克紧接着发起冲击。3 日夜，在德意防线接合部实现突破。4 日晨，英军第 10、第 7 装甲师和印度第 4 师从突破口向德意纵深发展进攻。德国第 15、第 21 装甲师残部实施反击，但大部分坦克遭盟军空袭而被击毁。在沿海地区被切断退路的德国第 164 师最终被澳大利亚第 9 师歼灭。为了避免被盟军合围保留有生力量，隆美尔不再顾及希特勒坚决死守的指示，下令全线撤退，并将意军的淡水储备和汽车全部掠走，意军 4 个师最终向英军投降。随后英军全线追击，德意联军退守至利比亚与突尼斯交界的马雷斯防线进行固守。6 日下午阿拉曼战役以英军胜利、德军败逃而结束。

阿拉曼战役，是“沙漠之鼠”蒙哥马利和“沙漠之狐”隆美尔的巅峰对决，最终凭借蒙哥马利灵活的指挥，最终成功将隆美尔的非洲军团赶出北非，保证了盟军从中东通往苏伊士运河这条供应线的畅通，蒙哥马利也因此有了“猎狐手”的称号。此役英军共歼灭德意联军 5.5 万人，击毁坦克装甲车 350 辆。虽未能全歼德意联军，但此后非洲战场主动权落入英军手中，这次战役仍是第二次世界大战非洲战场的转折点。阿拉曼战役的胜利，给盟军士气带来了极大的鼓舞。英国首相丘吉尔曾说：“在阿拉曼战役前，我们战无不败；阿拉曼战役后，我们战无不胜。”

霍巴特将军和他的“马戏团”

珀西·霍巴特

珀西·霍巴特（1885—1957），英国装甲兵少将，“坦克部队万能论”的积极倡导者，是英军装甲战理论的先驱之一。

1943年3月，霍巴特任第79装甲师师长，开始研制并装备与众不同的装甲车辆，这些装甲因奇形怪状被人们称为“霍巴特的滑稽坦克”。很多装甲都以动物名称命名，因而第79装甲师也被盟军戏称为霍巴特将军的“马戏团”。但恰恰是这个不务正业的“马戏团”在诺曼底登陆作战中大显身手，霍巴特将军也从此扬名天下。

1942年8月19日凌晨，盟军对法国港口迪耶普发动了一次突袭，这是对德军在欧洲沿海防御能力的一次试探，参加战斗的加拿大第 2 步兵师及英军突击队伤亡惨重，有近 3 千人伤亡或被俘。也正是通过迪耶普登陆战，暴露出盟军登陆作战仍存在很多问题，如盟军为配合步兵作战而特意研制的新的“丘吉尔”坦克，在作战中有的从登陆舰一下水就沉没，有的因履带被粗卵石卡住而陷在沙滩上不能动弹，没能发挥它们的作用。迪耶普登陆战使盟军意识到，突破德国在沿海的防线绝非易事，盟军必须具备联合兵种登陆作战的能力。同时为应对布满障碍物的德军防线和欧洲复杂的海岸，急需研制一批专门用于登陆突击作战的特种车辆器材以及一支能够有效测试和发挥这些特种车辆器材的技术部队，1943 年 4 月，第 79 装甲师的任务发生重大变化，重点研制并装备一些特殊的装甲车辆，这成为第 79 装甲师的特色。

霍巴特在认真梳理迪耶普登陆战失利教训后，发现盟军在登陆作战中面临一个矛盾：如果想让坦克和步兵同时抢滩，就需让登陆舰尽可能抵近海岸后再放出坦克，这就导致登陆舰和坦克都会敌人火力范围内。但如果让登陆舰远离海岸的话，现有的轻型水陆两栖坦克防护力不够，重型坦克普遍不具备两栖性能，难以在海中浮渡。霍巴特决定研制满足渡海登陆作战的新型 M4DD 水路两栖坦克，他选择美制 M4“谢尔曼”系列坦克作为改装新坦克的载体。在“谢尔曼”坦克四周焊接钢架，围上一套折叠式浮渡幕布，平时幕布折叠起来以方便坦克射击，浮渡时通过压缩空气瓶将幕布内的胶柱充气，打开防水幕，为坦克提供浮力和密封防水。此外，还加装有两部螺旋桨式水上推进装置（名称中 DD 就是指其双驱动）来推动坦克在水上平稳行驶。新研制的 M4DD 坦克又被称为“唐老鸭”坦克，大量装备盟军，在后来突击登陆作战中，发挥重要作用。

通过对迪耶普登陆战的教训总结，霍巴特还发现迪耶普德军的火力较强，对登陆部队的杀伤力很大，需要增强登陆坦克的火力以达到火力压制的目的，于是他在 1943 年开始研制“丘吉尔 - 鳄鱼”喷火坦克。该坦克以“丘吉尔”Ⅶ型坦克为基础，将“丘吉尔”坦克的车体前机枪换成火焰喷射器，配上带有喷火燃料和压缩氮气瓶的拖车，其射程为 80 ～ 120 米，可连续喷射 75 ～ 80 次。同时新坦克保留了“丘吉尔”坦克的 75 毫米火炮，在火焰燃料用尽后仍可充当战斗坦克，一车两用。二战期间，英国共生产了 800 辆“丘吉尔 - 鳄鱼”喷火坦克，其在清除敌军火力点时发挥了巨大的作用。

在迪耶普登陆战中，盟军坦克登岸后被德军的反坦克工事阻滞，而负责清理障碍的工兵却由于缺乏防护伤亡惨重，因此霍巴特以“丘吉尔”坦克为基础研制出新的工兵突击车，被称为“丘吉尔”AVRE 坦克，又称工程爆破坦克。该新式坦克车内空间大，车体两侧有车门，便于工兵上下，加装了一门 290 毫米迫击炮，保证在给工兵防护的同时具备一定的火力打击能力。“丘吉尔”AVRE 坦克在战场上遇到人工或天然障碍物时，既可以通过车载工兵排障又可以使用自身携带的迫击炮排障，对清理混凝土工事、碉堡和雷场非常有效。诺曼底登陆作战时，英军共装备了约

180 辆“丘吉尔”AVRE 坦克，到二战结束时共装备 574 辆。

德军的雷场一直让盟军头疼，霍巴特带领第 79 装甲师的研究人员根据经验，分别用“丘吉尔”坦克和“谢尔曼”坦克改装出两款扫雷坦克。其中一款是在丘吉尔坦克车体前段安装“牛角锄”，坦克在雷场推进时，可将反坦克地雷和反步兵地雷挖出并推到道路两侧，由工兵对地雷进行回收处理。而另一款是在“谢尔曼”坦克车体前段安装了名为“螃蟹”的扫雷装置，在坦克发动机驱动下，靠车体前段悬臂上的辊轮转动，带动辊轮上的 43 根链条不断抽向地面，从而引爆地面上的地雷。诺曼底登陆作战时，英

“丘吉尔”坦克

“丘吉尔－鳄鱼”喷火坦克

军装备了“蟹”式扫雷坦克，英军伤亡人数远低于其他盟军。

此外，还有一些其他特殊用途的装甲车辆也陆续被第79装甲师研制出来，如用“谢尔曼”坦克车体改装的BAVR海滩装甲回收车、“丘吉尔”坦克改装的可铺设厚帆布帮助通行的“丘吉尔”AVRE坦克“绕纤筒”工程车等。这些“霍巴特的滑稽坦克”均在诺曼底登陆中发挥了巨大的作用。在诺曼底登陆作战的第一波中，有几百辆M4DD坦克投入抢滩登陆作战，第79装甲师还装备有的120辆“丘吉尔”AVRE和50辆M4“蟹”式坦克，使得盟军成功地突破了德军的滩头阵地。

霍巴特将军主导研制的各种特殊装甲战车及保障车辆虽然样子“滑稽”，却是装甲研制多样化、实战化的典范，在实战中发挥巨大作用。可以说，霍巴特将军的“马戏团”为后来的多型特种坦克的研发奠定基础，对第二次世界大战后装甲保障车辆的发展起到了推动作用。